Riesgos Líquidos

Los nuevos desafíos a la seguridad global

La realidad ya no es un estado sólido e invariable, sino que se presenta como un fluido en tránsito en el que nada se mantiene demasiado tiempo en escena. Es una mutación continua que devalúa lo que antecede y hace impredecible lo que sucede.

Alberto Ray S.

Smart Risk Consulting LLC

Riesgos Líquidos
Los nuevos desafíos a la seguridad global
Alberto Ray S.
Editado por Smart Risk Consulting LLC
Tampa, Florida, 33615 USA

Dirección de Arte Alejandro C. Pacheco

Diseño gráfico Alejandro C. Pacheco

Portada Alejandro C. Pacheco y Alberto Ray

Revisión y Corrección Florantonia Singer

Prólogo Luis Emilio Bruni

Impresión Kindle Direct Publishing
Printed in the USA

ISBN 979-8-218-08366-3

Edición Paperback

Tampa, Florida - Octubre 2022
Todos los derechos reservados
© Alberto Ray- 2022

Contacto: *alberto@albertoray.com*
Twitter: *@seguritips*

A los migrantes venezolanos,
inmensa expresión fraccionada de mi nación.

"Hoy la cultura no consiste en prohibiciones sino en ofertas, no consiste en normas sino en propuestas. La cultura hoy se ocupa de ofrecer tentaciones y establecer atracciones, con seducción y señuelos en lugar de reglamentos, con relaciones públicas en lugar de supervisión policial: produciendo, sembrando y plantando nuevos deseos y necesidades en lugar de imponer el deber"

Zygmunt Bauman

"Ante todos estos peligros, debemos buscar una forma de pensar más abierta, más global y compleja. Necesitamos rechazar el dogmatismo; el endurecimiento de nuestras ideas y la negativa a contrastarlas con la realidad. Necesitamos abandonar un racionalismo cerrado que no puede captar lo que podría estar más allá del pensamiento convencional y, en cambio, apostar por un racionalismo abierto que conozca sus limitaciones. Tenemos que luchar constantemente para evitar creer en esas ilusiones que podrían adquirir la solidez de un sistema de creencias. En este mundo global nos enfrentamos al desafío del pensamiento global, que es el desafío del pensamiento complejo. Estamos viviendo el comienzo de un comienzo"

Edgar Morin

Índice de Contenido

Prólogo

Es sentido común que los tiempos cambian y ninguna época es igual a las anteriores. Lo que podría ser discutible es si la velocidad de los cambios ha sido siempre más o menos constante, o si la percepción de aceleración que nos embarga es un fenómeno inédito.

Esta percepción, que Alberto refiere en su libro como aceleracionismo, (con la consecuente adicción al cambio que genera), podría ser considerada solo una percepción, o por el contrario podría tratarse de un hecho ontológico determinado por la hiper conectividad incremental de la comunicación y las actividades humanas, que genera concatenaciones causales siempre más complejas. Es en este "mundo líquido" que Alberto identifica una nueva categoría de riesgos: "los riesgos líquidos".

Es posible que inicialmente el lector pueda sentir que el presente libro introduce sin mayor preámbulo una diversidad de conceptos, que podrían requerir una explicación previa. Algunos pueden en apariencia lucir como términos pocos comunes o incluso neologismos un tanto idiosincráticos. Términos como aceleracionismo, taquinesia, verdades alternativas, virtualización, principio de invisibilidad, paz criminal, seres multiplexados, segurización, antifragilidad, y sobre todo, las nociones centrales referentes a "lo líquido": el mundo líquido, las organizaciones líquidas y su correlato, "los riesgos líquidos".

La estrategia de Alberto no es la de introducir un glosario, sino la de ir definiendo e interconectando estos términos contextualmente.

Con esto quiero decir que el libro presenta su terminología en manera iterativa a medida que se aplican los conceptos a situaciones y casos particulares. De esta forma el lector se puede ir familiarizando con una serie de conceptos que al inicio le pueden lucir foráneos, pero que, a medida que el libro avanza, los términos ganan en sentido y relevancia, y la paciencia del lector se verá recompensada con una perspectiva innovadora y cohesiva de los riesgos y las complejidades del mundo actual.

Una de las fuentes de inspiración en el trabajo de Alberto es el sociólogo alemán Ulrich Beck. En efecto, Beck expuso con precisión tres de las principales características de lo que aquí se caracteriza como riesgos líquidos. Primero, lo que los hace noveles son sus orígenes antropogénicos. Si bien muchos de ellos son introducidos por los procesos tecnocientíficos de la modernización, en el mundo líquido retratado por Alberto no todos se derivan exclusivamente de esos procesos, pero, sin embargo, se apoyan y se ven magnificados en la complejidad de dichos desarrollos (por ejemplo, actividades criminales transnacionales en el mundo digital). Segundo, que se constituyen como riesgos transfronterizos, o transnacionales, y por ende son de difícil contención. No están limitados a sus sitios de origen, y sus efectos pueden emerger distanciados en el tiempo. Frecuentemente se hace imposible aislar causas y responsabilidades individuales o locales. Por último, que son riesgos invisibles al ojo humano, y por ende dependientes de los instrumentos, tecnologías y el conocimiento científico especializado para poder ser evaluados. Esta última característica, advertía Beck, generaría profundos estados de ansiedad colectiva, de polémicas incertidumbres, así como manipulaciones políticas del conocimiento científico y de la información.

Piénsese por ejemplo a todos los niveles y fuentes de incertidumbre que se agregan de manera emergente y compleja en un fenómeno global sin precedentes como la pandemia del SARS-CoV-2: incertidumbre en sus orígenes, incertidumbre en su desarrollo evolutivo, incertidumbre en su comportamiento epidemiológico, incertidumbre en sus mecanismos patológicos, incertidumbre en la respuesta inmunológica del ser humano, incertidumbre en su tratamiento, incertidumbre en los métodos preventivos y profilácticos, incertidumbre en la efectividad y seguridad de las vacunas, y, en toda su complejidad, incertidumbre en el manejo mismo de la incertidumbre y de la información, coligada a condicionamientos políticos, económicos y geoestratégicos.

El manejo de la información en la cultura digital contemporánea representa también un claro ejemplo de riesgo líquido de alta complejidad, siendo también creado en los procesos tecnocientíficos contemporáneos, teniendo consecuencias globales imposibles de elucidar en sus orígines espaciotemporales. Al igual que la pandemia, los riesgos de la digitalización son riesgos indiscernibles para el ciudadano común que no logra evaluar los riesgos de la invasión a su privacidad, de la veracidad de la información administrada o censurada por algoritmos, o de la información falsificada por tecnologías que ofuscan las fronteras entre realidad, falsedad y ficción. Como en la pandemia, estos riesgos socioculturales son también riesgos dependientes del conocimiento tecnocientífico especializado necesario para entender sus orígines, sus daños, sus estrategias de atenuación, y sus complejas dependencias causales con los procesos sociales, políticos, económicos y geoestratégicos.

Una de las características de los sistemas complejos es que los efectos emergentes son exponencialmente amplificados a través de los diferentes niveles de complejidad del sistema como un todo. La interacción entre los factores en los diferentes niveles se suma a la complejidad intrínseca de cada uno de ellos. En esa perspectiva, a manera de ejemplo, demos un paso adicional y combinemos las incertidumbres propias de los riesgos líquidos de una pandemia con los del manejo de la información en la cultura digital contemporánea para hacernos una idea de los niveles y tipo de complejidad agregada a las que los ciudadanos y las organizaciones contemporáneas están enfrentados hoy en día.

Estos tipos de riesgos exacerban la creciente crisis de credibilidad en las instituciones democráticas, que a su vez presentan serios signos de deterioro en su ejercicio cotidiano para garantizar las libertades y derechos de los ciudadanos. Alberto elabora ejemplos elocuentes de como la proliferación de riesgos líquidos se retroalimenta con la imbricación entre la política, intereses económicos transnacionales y el crimen organizado: "... lo que sí constituye un riesgo es la aceleración de la brecha entre las capacidades que tienen las redes criminales para crear zonas grises y así producir daño, y la respuesta de las fuerzas institucionales y judiciales para neutralizarlas" (p. 95). En estas zonas grises surge otro riesgo líquido en pleno desarrollo: la ofuscación de las fronteras entre la criminalidad organizada, empresarios, financistas, consorcios, holdings, corporaciones, fundaciones, Estados, organizaciones no gubernamentales y hasta organismos multilaterales que incluyen a Estados de dudosa legitimidad y transparencia. Es de allí que surge la crisis de confianza en las instituciones (nacionales e internacionales) y se abren las puertas a posibles fracturas en la cohesión social de las naciones y las sociedades. En este contexto, las narrativas imperantes también se licuan desdibujando las fronteras entre lo real y lo falsificado, la realidad y la ficción, el simulacro y la hiperrealidad. La falsificación de narrativas y realidades se convierte así en un instrumento privilegiado para la corrupción sistémica y la erosión de la rendición de cuentas en las sociedades democráticas, generando los estados de ansiedad colectiva a los que se refería Beck.

Premonitoriamente, Beck advertía también que, dada la complejidad y los niveles de incertidumbre en juego, la ciencia no podía aspirar a seguir teniendo el monopolio de la "racionalidad", y los políticos no podían apelar a ella como indiscutible factor de legitimación a sus propias agendas políticas, económicas o geoestratégicas. Primero porque la ciencia no es un ente monolítico uniforme. La ciencia es un proceso sociocultural complejo, con perspectivas, acuerdos, consensos, trifulcas, controversias, debates, y filosofías científicas contrastantes. Lo que genera credibilidad y confianza en la ciencia es la apertura, el debate, la absoluta transparencia y la libertad académica. Esto contrasta con el riesgo líquido de que en nuestros tiempos pueda surgir una ideología global de control y discriminación basada en un eslogan como "Trust the science".

Beck sostenía que la afirmación de la ciencia de estar en capacidad de investigar la peligrosidad de estos riesgos estaba basada exclusivamente en un marco de enunciados probabilísticos. Cuando estamos ante incertidumbres o riesgos de esta naturaleza, y de esta magnitud, es pertinente preguntarnos qué tipo de incertidumbres están nuestros modelos probabilísticos y estadísticos ayudándonos a eludir: ¿Nos ayudan a eludir nuestra ignorancia y falta de información sobre los eventos bajo evaluación? ¿O nos ayudan a eludir la indeterminación intrínseca al proceso en cuestión? En la consideración de los riesgos líquidos estamos llamados a asumir con humildad que la indeterminación ontológica juega un papel más fundamental en nuestros modelos probabilísticos que el cálculo de nuestra ignorancia sobre el sistema, la cual sería teóricamente reducible con más y mejor información. En los riesgos líquidos, ambas fuentes de incertidumbre, las reducibles (epistemológicas) y las irreducibles (ontológicas), han de ser consideradas y elaboradas.

La conclusión de Beck en su momento fue que, así como "la racionalidad social" sin la "racionalidad científica" era una racionalidad ciega, la racionalidad científica sin la racionalidad social sería una "racionalidad vacía". Siempre será necesario asumir un punto de vista ético para discutir sobre estos riesgos en manera significativa. Normalmente se cree y se asume que la cuestión ética en la ciencia y en la técnica reside esencialmente en el modo en el que la ciencia es usada, mal usada, o no usada suficiente o equitativamente. Pero siempre se asume que hay un solo modelo de ciencia y que su práctica es totalmente adecuada para elucidar y resolver los nuevos riesgos, muchos de los cuales paradójicamente se originan en la práctica misma de la ciencia (por ejemplo, los riesgos vinculados a la experimentación con ganancia de función -gain of function- en virus o bacteria). La posibilidad de que la ciencia en sí misma pueda necesitar cambios hacia perspectivas menos reduccionistas y más conscientes de los límites inherentes a la complejidad y sus concatenaciones causales, parece estar fuera del radar de quienes apoyan este nuevo movimiento "Trust de science", que básicamente se soporta, más que en una argumentación científica, en un "argumento de autoridad".

El antropólogo y cofundador de la ciencia cibernética Gregory Bateson, en un lúcido ensayo seminal de 1972, identificó tres causas fundamentales de lo que él llamó "las raíces de la crisis ecológica", crisis que para él en realidad era, o es, una crisis epistemológica y cultural. Estas tres causas se estarían reforzando mutuamente en tres anillos solapantes de retroalimentación positiva: 1) el crecimiento poblacional, 2) la innovación tecnológica, y 3) nuestras patologías culturales, que Bateson caracterizó con el concepto griego de "hubris" (significando una mezcla de arrogancia y exceso de confianza).

Contrario a ciertas tendencias emergentes en el presente, que ven en el control poblacional, e incluso, los más radicales, en la despoblación del planeta, un aspecto importante para la atenuación de la crisis ecológica, por obvios motivos éticos Bateson descartaba esa posibilidad. En su lugar, veía como prioridad intervenir en el solapamiento del desarrollo tecnológico exponencial con la hubris científica del positivismo Moderno, esta a su vez imbricada con el determinismo económico y con miles de detalles culturales, que hoy vienen inculcados tautológicamente en nuestra cultura para encausar a la humanidad hacia una eudaimonia tecnocrática en la que "La" ciencia serviría de principio legitimador en manos de poderes fácticos, y la tecnología se convertiría en su brazo ejecutor.

En 1984, el filósofo Han Jonas en su imprescindible "El Imperativo de Responsabilidad: En Busca de una Ética para la Era Tecnológica" caracterizó el culto ciego a la innovación (científica y tecnológica) como una perspectiva de libertad nihilista que se auto-exentaba de la necesidad de cualquier justificación, y por ende lo que en realidad constituía era una verdadera profesión de irresponsabilidad.

El fenómeno del "aceleracionismo", desarrollado por Alberto en el presente texto, tiene relación directa con ese proceso de convergencia tecnológica que Bateson describía como la retroalimentación positiva entre los diferentes tipos de tecnologías disruptivas. Un ejemplo de esto puede ser lo que en las últimas décadas se viene denominando la convergencia NBIC, entre nanotecnologías, biotecnologías, tecnologías de información y ciencias cognitivas. Esta convergencia jugará cada vez más un rol central en el emerger de nuevos riesgos líquidos, en su volatilidad y en su camuflaje, en diferentes contextos interconectados. Las sociedades democráticas se verán sometidas a extenuantes pruebas para demostrar su verdadera capacidad y relevancia en la preservación de las conquistas históricas de la humanidad en materia de derechos humanos, garantías individuales, e incluso principios bioéticos establecidos universalmente como el principio de autonomía. Es aquí donde la transparencia y la rendición de cuentas en las sociedades democráticas juega un rol fundamental. ¿Están los políticos de estas sociedades en grado de hacer explícita su visión a mediano y largo plazo de estos derechos y garantías inalienables? ¿Están los ciudadanos de estas sociedades en capacidad de exigirles a sus políticos y gobernantes que los hagan explícitos?

A pesar de la confianza ciega en el positivismo científico, siendo la "Big Data" y la Inteligencia Artificial una expresión contemporánea del determinismo ontológico del demonio de Laplace, el manejo del riesgo en el modo en que ha sido tradicionalmente establecido en las instituciones técnicas y legales ha demostrado su colapso, tal como lo predijo en su momento Ulrich Beck. Ya los riesgos no pueden ser cuantificados en términos de las probabilidades de su ocurrencia sin considerar la magnitud y la complejidad de su naturaleza, como afirmaba también Hans Jonas en su momento. Ya no se pueden seguir ignorando los riesgos no cuantificables científicamente y por ello excluidos de los marcos jurídicos institucionales.

Alberto nos lleva a considerar, a través de una red de ejemplos interconectados que nuestro conocimiento y entendimiento de los riesgos líquidos no es sinónimo de nuestra capacidad para predecirlos. Tomar conciencia de estos riesgos, y de su contexto, no nos garantiza una posible intervención para reducirlos o controlarlos. Sin embargo, la adquisición de esa conciencia es vital para convertir nuestro estado de alerta en un movimiento adaptativo de aikido que proyecte el riesgo en la misma manera en la que se proyecta a un oponente: "La seguridad ya no solo sería un proceso que reduce las vulnerabilidades de un objeto o de un entorno, sino que al construir la plena consciencia del riesgo hace al sujeto eje y valorador activo de los peligros que le circundan, permitiéndole decidir con previsibilidad una ruta para desmontarlos, inclusive antes que se hagan evidentes."(p. 106)

En la perspectiva de Alberto, "la incertidumbre es el eslabón central en la cadena de formación de los riesgos líquidos". Por lo tanto, es en el manejo de la incertidumbre que debemos centrar nuestros esfuerzos. Sin embargo, como bien se enfatiza en el libro, las nuevas complejidades y los riesgos líquidos nos dejan mal parados en materia de predicciones. Por esto el enfoque, más que el de predecir todos los escenarios adversos y contar con un menú de respuestas para cada escenario, se centraría en nuevas habilidades para desarrollar conciencia de la liquidez del riesgo, y crear así una especie de apresto situacional que nos permita reaccionar adaptativamente en tiempo real. Tratándose de procesos complejos, como previamente se ha mencionado, algunos tipos de incertidumbres son reducibles, por ejemplo, con mayor y mejor información, y mejores fuentes de inteligencia, mejores métodos y sistemas predictivos, mejores modelos o mayor poder computacional (es decir incertidumbres epistemológicas). Pero nos atreveríamos a afirmar que en los riesgos líquidos existen incertidumbres ontológicas, o sea, incertidumbres intrínsecas a la complejidad, al caos y a las propiedades emergentes inherentes a estos riesgos. No hay incrementos de información que la puedan reducir. Es este el tipo de incertidumbre "líquida" –para seguir el hilo conductor del libro– que requiere del tipo de respuesta jiujitsu o aikido recomendada por Alberto, es decir, aquella creación de conciencia y apresto necesaria para la adaptabilidad y la respuesta en tiempo real.

Alberto afirma que "no existe reto más complicado que pronosticar el porvenir, sin embargo, nos toca asumir que el pasado ya no es suficiente referencia para enfrentar la magnitud y la calidad de amenazas que esta nueva dinámica de lo líquido trae consigo, más aún cuando el futuro se acelera ..." (p. 56). En otras palabras, no se puede tener un enfoque determinístico hacia los riesgos líquidos, e incluso un enfoque estocástico encontraría sus límites. Los sistemas de predicción y modelaje probabilísticos fueron desarrollados expresamente para eludir la ignorancia del observador sobre eventos detallados que se suponían eran susceptibles a una visión determinista clásica. Modelos similares fueron desarrollados para situaciones inherentemente estocásticas.

Desde el advenimiento de las ciencias de la complejidad, se le ha otorgado una creciente credibilidad a la indeterminación ontológica como el objeto de consideración estadística por encima de la ignorancia o falta de información sobre el sistema. En otras palabras, pasamos de unas probabilidades que eran una función de nuestra ignorancia, o falta de información, sobre el sistema o el proceso en cuestión, a unas probabilidades que ahora reflejan una indeterminación inherente al proceso mismo y que se relaciona con la naturaleza ontológica de los eventos. Tal es el caso de los riesgos líquidos: "Las certezas, por tanto, se construyen sobre marcos de referencia y percepciones y no solo a partir de hechos ... no todas las certezas son tangibles y en muchos casos, su opuesto, la incertidumbre, es absoluta" (p. 74).

No entender esta característica de los riesgos líquidos nos llevaría erróneamente a interpretar cualquier defecto en nuestro modelo predictivo como una laguna de nuestro conocimiento actual, con la presunción de que más conocimiento y más información reducirá las incertidumbres, aumentará nuestra capacidad de control y permitirá remediar los errores del pasado.

Disciplinas como el Aikido, el Judo y el Jiujitsu frecuentemente usan el agua como metáfora. Dada su fluidez, los riesgos líquidos son altamente insidiosos. Por eso demandan una respuesta igualmente fluida. Cuando se está sumergido en un líquido la manera más eficiente de moverse no es aplicando potencia sino desplazarse con movimientos fluidos, la misma fluidez del líquido en el que se está inmerso. Podemos esquivar, quitarnos del blanco, pero no salir corriendo. En Aikido se busca fluir con el adversario. Nunca se va al choque frontal. No se ofrecen superficies duras contra las que chocar. Se induce al adversario a seguir su propia trayectoria hasta el momento en el que una leve disrupción de su balance lo hace desplomarse a tierra donde se le puede neutralizar.

Vivimos tiempos excepcionales. Quizás todos los tiempos son excepcionales. Pero seguramente no todos han sido líquidos en la connotación que se presenta en este libro. Si la historia actual sigue su curso, la liquidez del mundo y sus riesgos irá in *crescendo*. Pero no es una sentencia que deba ser así. No si despertamos la conciencia del riesgo y de la existencia de trayectorias alternativas. Así como Alberto aboga por la necesidad de activarse para desmontar el sentido de inevitabilidad de las narrativas catastrofistas, en mi opinión es igualmente importante abogar por desmontar el sentido de inevitabilidad de las narrativas del sueño Baconeano de la convergencia tecnológica del que alertaba el filósofo Hans Jonas. Ese sueño positivista no solo promete la ilusión de la resolución de todos los riesgos emergentes -sean militares, de bioseguridad, de salud, ecológicos, de seguridad alimentaria, de criminalidad o de caos social, político y cultural-, sino que también promete un nirvana tecnológico, cuyo postulado de inevitabilidad lo hace intrínsicamente totalitario, mutilador y negador del derecho inalienable a ser simplemente humano.

Buena lectura.

Luis Emilio Bruni[I]

Copenhague, marzo, 2022

I   Con una formación internacional multidisciplinaria Luis Emilio Bruni es ingeniero ambiental egresado de la Penn State University, con maestría en relaciones internacionales y globales de la Universidad Central de Venezuela, y PhD en biosemiótica y teoría de la ciencia en el Instituto de Biología Molecular de la Universidad de Copenhague, contando con una amplia producción científica y experiencia didáctica interdisciplinar. Desde 2004 desarrolla su investigación en la Universidad de Aalborg (AAU, Dinamarca) donde es profesor asociado y lidera el grupo de investigación MeCIS (Media Cognition and Interactive Systems). Es fundador y director del Laboratorio de Cognición Aumentada, dedicado al estudio de la percepción, la cognición, y los estados afectivos en relación con los medios inmersivos y las tecnologías cognitivas y de "realidades extendidas" (XR). En la actualidad participa en diversos proyectos europeos con una línea de investigación dedicada al estudio de la cognición narrativa en la cultura digital utilizando métodos neurocientíficos. Entre 2011 y 2017 fue elegido presidente de la Asociación Nórdica de Estudios Semióticos por tres periodos consecutivos, siendo un reconocido experto en semiótica cognitiva y cultural con experiencia en narrativas interactivas, ciencias de la comunicación y ciencias cognitivas.
Del 2004 al 2016 fue profesor colaborador externo en el Instituto de Biología Molecular de la Universidad de Copenhague, desarrollando y enseñando módulos de teoría de la ciencia a numerosas promociones de biólogos.

Sobre este libro

Fue en enero de 2017, durante una conferencia muy bien conducida por un general retirado del Ejército de los Estados Unidos, en Washington DC, sobre los riesgos del futuro y la seguridad, donde, por primera vez, escuché hablar de *Riesgos Intangibles*.

Se refería el general a una especie de peligros invisibles para ciudadano común, que se incubaban bajo las premisas del desarrollo y con capacidad de propagarse sin control. En su exposición hizo referencia al creciente impacto negativo que los procesos interconectados de la globalización acelerada y la explosión tecnológica tenían sobre personas y organizaciones, y que a pesar de que cada vez habían más señales, parecía que no nos dábamos cuenta de lo que teníamos por delante, y lo que resultaba aún peor, en medio de nuestra ignorancia, disfrutábamos caminando en la cuerda floja de estas nuevas y extrañas amenazas, mientras vivíamos en la inconciencia sobre los efectos generados por tales riesgos.

Por supuesto que entre los ejemplos que expuso el general estaban las nuevas formas de terrorismo, el uso de la *Dark Web* como plataforma del tráfico ilegal de armas, las redes de tráfico humano operadas desde aplicaciones en teléfonos móviles y la manipulación de noticias diseñadas específicamente para cambiar la visión de determinados grupos sociales.

Pero de todo lo explicado, lo que más captó mi atención fue la frase escrita en la última diapositiva de su presentación: **Hemos entrado en un mundo para el que nos han hecho creer que estamos preparados, y del cual ignoramos casi todo, donde la mayor fortaleza de estas amenazas, aún anónimas, es mantenernos engañados en el manto de nuestra arrogancia.**

Evidentemente, no sólo quedé impresionado, sino preocupado por lo había escuchado, más aún cuando las palabras venían de un miembro activo, hasta hacía poco, de la maquinaria militar más poderosa del mundo.

Esas ideas de los riesgos intangibles se engancharon con facilidad en mi mente, y aunque no supe por un tiempo cómo interpretarlas o qué hacer con ellas, fue a principios del 2020, con la declaración de la pandemia del COVID-19 [1] cuando en cuestión de días el mundo entero se desaceleró casi hasta detenerse, en medio de unos niveles inéditos de incertidumbre planetaria, que aquello que el general llamaba amenazas anónimas y la ignorancia de nuestra arrogancia, comenzó a tener sentido en mis pensamientos.

Durante los siguientes seis meses estuve encerrado, al igual que la mayoría de los habitantes de la Tierra, en un pequeñísimo apartamento muy cerca del aeropuerto de Tampa en Florida, en cual por semanas no se escuchó un avión. Recuerdo que en las noches salía al balcón de dos metros cuadrados que daba a una especie de patio interno del edificio que compartía con una veintena de vecinos, todos bastante más jóvenes que yo, y que, en simultáneo, en un ritual de relajación colectiva fumaban pausadamente un pitillo de marihuana buscando respuestas a una realidad sin explicación.

Fue en ese contexto, un tanto espeso que comencé a compartir con mis vecinos las ideas de los peligros intangibles y riesgos que ya no pertenecían a un futuro lejano, sino que los estábamos viviendo en tiempo real.

Hoy, luego de dos años de aquellas sesiones, ignoro si mis contertulios me entendían, o si tan siquiera me prestaban atención, en todo caso, para mí fue muy provechoso porque, al poner en palabras tantas ideas desordenadas, comenzaron a tomar forma en una estructura que ya había bautizado como de *Riesgos Líquidos*.

Con este ensayo sobre riesgos escrito en fragmentos y ahora compilado en un libro, intento abordar, desde mi propia experiencia basada en tres décadas como consultor de seguridad, las consecuencias que ha tenido el acelerado cambio del mundo en los últimos años, signado de amenazas anónimas, incertidumbre y complejidad, en el que llegamos a creer, antes de la llegada del COVID-19 que teníamos a la realidad bajo control, cuando la verdad era que nos arropábamos con el manto de nuestra arrogancia.

En el análisis he tratado de mantener una visión amplia y realista sobre la compleja dinámica que mueve hoy al planeta. A través de explicaciones, definiciones y ejemplos intento esbozar algunas ideas para clasificar estos riesgos, con el propósito de hacer más visibles los peligros subyacentes al proceso de la globalización y crear consciencia sobre su existencia y desde allí, ir construyendo algunas estrategias para abordarlos, analizarlos y posiblemente mitigarlos.

Estrategias, que, en estos nuevos tiempos, pudiéramos llamar herramientas de la seguridad líquida orientadas a traducir la complejidad, en señales que podamos leer, con el fin de tomar decisiones más oportunas y acertadas.

En dos años de reflexión e investigación sobre el tema he visto como la pandemia ha acelerado aún más el avance de la complejidad y el virus es un ejemplo de la materialización de riesgos líquidos, intangibles, incontenibles y de efectos devastadores.

Pero existe otro aspecto, aún más líquido que me ha interesado explorar. Se trata de cómo las amenazas vinculadas con el poder se valen de los fenómenos de la complejidad para hacerse más fuertes y adaptativas. He descubierto que los nuevos riesgos del mundo líquido necesitan el sustrato de los sistemas complejos para sobrevivir y expandirse, de allí la importancia en comprender las propiedades de una realidad que ha dejado de ser lineal y de la cual emerge el cambio de manera indetenible e impredecible.

Entre los riesgos de la complejidad atados al poder están los nuevos proyectos totalitarios líquidos. Se trata de expresiones hasta hace poco desconocidas de organización en las que convergen múltiples intereses, que, sin escrúpulo alguno, tiranizan a países y regiones en modos que los Estados democráticos no han podido contener y mucho menos derrotar.

La propagación de riesgos en esta era de la complejidad no solo ocurre en países y grandes organizaciones, impacta de manera muy especial a los individuos, que terminan siendo las primeras víctimas al quedar desfasados del acelerado ritmo del cambio que impone la globalización, es así como en un mundo en permanente tránsito, donde todo se define en términos de flujos y conexiones, el ser humano sufre la gran paradoja de vivir enredado en decenas de redes sociales mientras se aísla en su profunda individualización, ahora estimulada por el trabajo remoto, el distanciamiento y la reducción de las relaciones interpersonales directas debido a las normas de la pandemia y el uso autocrático que muchos gobiernos han decidido hacer de ella.

He tratado de que este ensayo sea de lectura fácil, sin demasiados tecnicismos ni academicismos, aunque debo confesar que ha sido un esfuerzo importante de síntesis, pues el tema es de dimensiones infinitas y puede ser abordado desde múltiples aristas. En mi caso, he querido mantenerme en mi campo profesional que es la seguridad y con humildad apenas he rozado temas de sociología, filosofía y física que no son precisamente mis áreas de conocimiento, pero que me apasionan, lo que me ha sembrado el deseo de investigar y aprender más.

El libro está ensamblado en 17 capítulos breves, algunos de ellos los he publicado en fragmentos de forma preliminar en mi blog; AlbertoRay. com; y que, si bien son separados unos de otros, puestos en conjunto, son interdependientes y construyen una senda explicativa del mundo líquido y sus riesgos.

Por último, he asumido *a priori* que los riesgos líquidos son hoy y serán en el futuro cercano el desafío más importante que tendrá la seguridad global, por tanto, mientras más pronto entendamos y seamos conscientes de sus impactos, en mejores condiciones deberíamos estar para intentar mitigarlos, de ser posible. Sin embargo, si algo debemos mantener presente es que, como decía el general, allá en 2017, la mayor fortaleza de estas amenazas líquidas es hacernos creer que estamos preparados, cuando en realidad hemos sido arropados por la ignorancia y con el manto de la arrogancia.

Espero que mis colegas, a quienes llamo los profesionales del riesgo, consigan en estas páginas la motivación necesaria para mantener la vista firme en el horizonte, como lo hacían los antiguos vigías en lo alto del mástil de los antiguos buques, oteando en búsqueda de potenciales peligros y trazando la ruta hacia puertos seguros.

Alberto Ray

Tampa, abril, 2022

CAPÍTULO 1

¡Peligro! No hay bordes

Se puede ignorar la realidad,
pero no se pueden ignorar las consecuencias
de ignorar la realidad.

-Ayn Rand

P udiéramos asumir que todo aquello vinculado con la acción humana y sus interacciones es materia de la sociología.

Inclusive el cambio climático o la aparición de nuevas enfermedades, que hasta hace unas décadas atrás no se asociaban a los haceres sociales, ahora se consideran fenómenos sociológicos porque el hombre ya no es visto como ajeno a la naturaleza, sino que se ha convertido en un agente activo en la modificación del ambiente o en la propagación de pandemias potenciadas por los efectos de la globalización.

El hecho es que el calentamiento del planeta y las enfermedades transmisibles han existido inclusive antes que el ser humano poblara la Tierra, lo que hace ahora distinto el análisis es la probabilidad que seamos nosotros los que podamos, de alguna manera, hacer algo para mitigarlo o curvar sus efectos y proveernos así de un futuro un tanto más seguro, o si, por el contrario, tengamos la capacidad de empeorar la situación y precipitar una catástrofe.

Visto de esa manera, existe también la posibilidad de que la especie humana con sus acciones del presente pueda modificar el futuro y hacerlo mejor o peor, según el grado de conciencia que tengamos hoy, en tal sentido, nos hemos convertido en unos agentes del riesgo y que ya no sólo limitados a potenciales eventos que puedan cambiar el curso de la vida en la Tierra, sino que hemos asumido la inmensa responsabilidad de que las decisiones del ahora, van determinar el futuro, y que por muy insignificantes que estas decisiones parezcan, ponen en nuestros hombros un peso que nos define como sociedad.

Ulrich Beck fue el primero en plantear el riesgo como una categoría que define a la sociedad. En su famoso libro de 1986, la *Sociedad del Riesgo*, Beck un sociólogo alemán nacido en 1944 y que desarrolló una parte importante de su carrera en el London School of Economics, estableció que la sociedad ya no estaba definida en términos socioeconómicos o culturales, ahora, las sociedades vivían en función de las oportunidades o amenazas derivadas de las estrategias para abordar los riesgos. [2]

Según Beck, en las sociedades industrializadas los conflictos ya no se vinculan con la distribución de la riqueza sino con la distribución de los riesgos. Los individuos hemos dejado atrás los riesgos vinculados con la pobreza y hemos entrado en una clase de riegos *ecológicos*, provocados por el control de la naturaleza a través del desarrollo tecnológico.

Beck señalaba que los seres humanos habíamos llegado a un punto de desarrollo en el cual habíamos creado riesgos que ya no estábamos en capacidad de contener. Su tesis llegó en un momento muy oportuno, porque fue en 1986 que ocurrió la explosión de la central nuclear de Chernóbil en Ucrania, lo que validó su visión de la responsabilidad de la sociedad sobre su propio futuro.

Los planteamientos de Beck fueron rebatidos por varios pensadores, ya que para muchos no era una novedad que las sociedades vivieran o crearan riesgos que no pudieran luego dominar. Entre sus críticos estuvo Niklas Luhmann, sociólogo alemán (1927–1998) quien desarrolló una teoría sistémica de la sociedad con énfasis en que los hechos sociales no podían considerarse necesariamente acciones de la sociedad, ya que la acción podía ser individual, por tanto, la unidad de observación de la sociología no podían ser los hechos. Para Luhmann el único fenómeno realmente social (porque es compartido entre más de un individuo) era la comunicación. [3]

El riesgo surge entonces, según Luhmann, de la incertidumbre o falta de confianza entre dos o más individuos y que la única manera de mitigar tales riesgos era que entre ellos compartieran los mismos valores y normas, y eso sólo era posible a través de la socialización, es decir, de la comunicación.

Luhmann define el riesgo a través de un concepto binario. Establece que no necesariamente aquello que no es riesgoso es seguro, ya que pudieran existir fenómenos no riesgosos, pero tampoco seguros. Termina llegando al binomio Riesgo / Peligro. En sus propias palabras establece que el riesgo es el posible daño como consecuencia de una decisión, mientras que el peligro es algo externo y se le atribuye al entorno.

"...debe quedar claro que Luhmann no se aproxima al riesgo en tanto que fenómeno real efectivamente provocado por la acción humana, sino en tanto que esquema de observación, es decir, en tanto que comunicación capaz de construir la realidad de y para la sociedad. Así, para Luhmann los eventos del mundo no son en sí mismos riesgosos, sino que se hacen tales cuando los observamos desde la óptica del riesgo". [4]

Ulrich Beck, en análisis posteriores a la Sociedad del Riesgo y respondiendo de alguna forma a las críticas, desarrolla una teoría más amplia, que la llama Modernidad reflexiva, o segunda modernidad. Beck lo plantea como una evolución (no una revolución, como lo propuso Marx) de la modernidad industrial y que se asienta en tres premisas estructurales:

- En la modernidad industrial las sociedades están divididas en Estados nacionales que son sus "contenedores" territoriales e institucionales.

- En general, la modernidad industrial le da valor a lo colectivo y a la estratificación social, y si bien aparece el concepto de lo individual, aun es muy limitado.

- La modernidad industrial se constituye en sociedades comerciales - capitalistas donde el trabajo remunerado y el pleno empleo se convierte en la máxima aspiración.

Esta primera modernidad supone que la naturaleza es algo externo a la sociedad y que, por tanto, puede ser explotada sin límite. También considera que la ciencia está enfocada en la dominación de la naturaleza y que son los científicos quienes monopolizan el conocimiento. Se establece, de allí, una jerarquía que separa a los expertos de los legos. Como último supuesto, la sociedad moderna hace frente a la complejidad del mundo estableciendo una división funcional entre las áreas del conocimiento, por lo que marca una diferencia muy clara entre economía, ciencia, política, etc.

En contraposición a la primera modernidad surgen las premisas de la Modernidad reflexiva que generan un nuevo marco para su propia sociedad. De acuerdo con Beck, esta nueva modernidad crea una sociedad reflexiva que se asienta en tres teoremas; la sociedad del riesgo, la individualización forzada y la globalización multidimensional. [5]

En este contexto, mi interés principal en esta investigación se centra en la sociedad del riesgo porque es el fundamento en torno al cual desarrollo mi visión sobre los riesgos líquidos. Sin embargo, tanto los fenómenos de individualización como de globalización son esenciales para entender el mundo de lo líquido, basado en la metáfora de Zygmunt Bauman extensamente tratada en sus obras sobre la Modernidad Líquida.

Bauman fue un sociólogo polaco (1925-2017) quien, en su extensa carrera hace un análisis muy lúcido sobre la posmodernidad o modernidad líquida, término que acuña para definir los cambios profundos en el rumbo que ha tomado la sociedad, sus modos de vida y la manera de percibir el mundo.

Para Bauman, *"hemos dejado atrás una modernidad ya antigua o sólida, de verdades inmutables y tiempos predecibles, para caer seducidos por la impermanencia, la mutación, el simulacro, la ausencia de verdad y el fin de los relatos vertebradores".* [6]

La consecuencia de lo líquido ha sido la erosión de los vínculos entre los seres humanos, lo que ha hecho obsoleta la idea de comunidad y de identidad. La metáfora de lo líquido explica las nuevas dinámicas de la sociedad. Son tiempos de relaciones en permanente tránsito, con amores líquidos, arte líquido, cultura líquida y vigilancia líquida.

En relación con el individualismo Bauman es casi un nostálgico de una modernidad (tradicional) que ya no volverá. Considera una debilidad la pérdida de los vínculos entre los individuos. En un escenario de lo líquido, de flujo rápido e impredecible, necesitamos, según su pensamiento, más que nunca lazos firmes y fiables de amistad y confianza mutua.

La expansión de las fronteras tras la globalización esconde una zona gris de ambivalencias, convirtiendo al planeta, de acuerdo con Bauman, en "un archipiélago de diásporas". Son nuevas migraciones con una gran interrogante sobre el vínculo entre identidad y ciudadanía, entre el individuo y el espacio. La tecnología, por su parte, contribuye a este sistema de exclusiones mutuas de las sociedades que mientras se conectan en redes sociales, se descosen en sus relaciones personales.

Bajo esta rápida panorámica, el riesgo ya no puede ser considerado como un fenómeno extrínseco a la sociedad, sino que se ha convertido en el precio que debe pagarse para poder evolucionar de una modernidad tradicional a una más avanzada. El riesgo es el *trade off* necesario que obliga a ceder una posición para lograr otra que se asume como más ventajosa.

Nos hemos transformado así en la sociedad del riesgo, porque de alguna manera el riesgo es inherente a la dinámica social de estos tiempos. Ya sea desde el hacer o desde el comunicar, es la moneda común que tasa a unos individuos sobre otros. Quien corra más riesgos se coloca en la zona de mayor incertidumbre, pero también de mayor *profit*, por eso el riesgo termina siendo tan adictivo.

Si bien Bauman nunca se refirió explícitamente a los riesgos líquidos, su visión de la sociedad impermanente, inmersa en un espacio mutante, donde nada es duradero, enmarca —con bordes abiertos— la dimensión en la que se despliegan los riesgos líquidos.

En esta investigación se me ha hecho evidente que detrás de la hiperconectividad de la sociedad y el desarrollo tecnológico se han venido gestando y escondiendo peligros intangibles de consecuencias inimaginables y de efectos transformadores para los países, sus poblaciones y hasta para sus geografías. Con el fin de facilitar el entendimiento a los lectores, escogí el término **Riesgos Líquidos,** tomando como punto de referencia la metáfora de Bauman, quién, con su descripción del Mundo Líquido, ambienta el contexto sobre el cual estos riesgos, muchos de ellos intangibles, se despliegan y materializan sus poderosos efectos.

He podido descubrir que los riesgos líquidos tienen su génesis en la brecha que se ha abierto entre la aceleración de la complejidad del mundo hiperconectado y tecnológicamente avanzado —entendido por unos pocos— y la mayoría que se ve desplazada de un universo que no comprende.

Ya no es solo el terrorismo un fenómeno global que explota las ventajas de este mundo líquido. Ahora, los riesgos líquidos también se materializan en la polarización de la política internacional y doméstica, el surgimiento de liderazgos a partir de las redes sociales, el desarrollo de herramientas vinculadas con el Big Data y la Inteligencia Artificial y la difusión de verdades alternativas desde medios con alto poder de penetración, sólo por mencionar algunos.

Todo esto configura una realidad que desde hace algún tiempo dejó de ser estática y ahora se vive como un fluido que nos atraviesa sin detenerse a esperarnos, en un aparente encanto ante el cual no podemos resistirnos, pero que encierra el mayor de los peligros. Nos hemos convertido en agentes de riesgos omnipresentes sobre los que no tenemos control alguno.

CAPÍTULO 2

Un viaje en el bólido de la complejidad

Si todo parece estar bajo control,
no vas lo suficientemente rápido.

-Mario Andretti

En 1967 el reconocido escritor norteamericano Roger Zelazny publicó una novela de ciencia ficción llamada *El Señor de la Luz*. En su trama, un grupo de revolucionarios quería llevar a la sociedad a un nivel superior de desarrollo haciendo uso de avanzadas tecnologías. Zelazny los llamó *aceleracionistas*.

"...en cuanto al aceleracionismo, es una simple doctrina de coparticipación. Propone que nosotros, los del Cielo, cedamos a los que viven abajo parte de nuestro conocimiento y poderes y sustancia. Este acto de caridad estaría dirigido en última instancia a elevar sus condiciones de vida a un nivel superior, parecido al que nosotros ocupamos. Entonces, cualquier hombre podría ser un dios, ¿entiendes? El resultado de esto, por supuesto, sería que a la larga ya no habría dioses, solo hombres." [7]

A estas alturas del siglo XXI el mundo ya no recuerda a Zelazny, pero, como alguna vez lo mencionó, el también novelista James Graham Ballard, *"lo que los autores de ciencia ficción inventan hoy, usted y yo lo haremos mañana."* [8]

El aceleracionismo se convirtió luego en un movimiento de importancia que pregonaba la necesidad de evolucionar hacia un mundo post-capitalista marcado por la dinámica incesante del cambio.

La verdad es que han pasado más de 50 años y lo que fue ficción en la década de los sesenta del siglo XX ya forma parte de nuestra más cotidiana realidad. Hoy nadie puede quedarse estático ante el cambio. Sea por el interés que despierta o la resistencia que produce, resulta imposible ignorarlo no solo por su capacidad de modificar el entorno, sino por el impacto en el curso vital de quienes habitamos el planeta.

La sociedad contemporánea ha asumido el cambio como una constante. Con consciencia o sin ella todo cambia a mayor o menor ritmo. El cambio, además, se presenta vigorizado por la aceleración con que ocurre y es el eje principal de una nueva dinámica global que lo hace todo más complejo.

La aceleración y la complejidad son intrínsecas al cambio y ambas operan en una sinergia que las potencia, pero ¿cómo se manifiesta esta aceleración y complejidad del cambio? Y, ¿de qué forma impacta a personas y organizaciones?

El cambio acelerado puede parecer más palpable en la tecnología. Basta con observar la expansión de las telecomunicaciones, la disponibilidad y accesibilidad a la información o las capacidades de procesamiento y almacenamiento de los microcomponentes electrónicos, sin embargo, el cambio también está presente en nuevos modos de hacer negocios, las maneras distintas que tienen las sociedades de organizarse y participar en la vida pública y hasta en los tipos de gobierno que se dan los países. Todas estas fuerzas, de gran poder para transformar la vida de cada hombre y mujer sobre la Tierra, son interdependientes unas de otras y se realimentan en sus propias complejidades produciendo un entramado infinito de posibilidades y relaciones no lineales entre causas y efectos, haciendo a la realidad circundante cada vez menos comprensible.

Valdría aquí destacar que el crecimiento acelerado en el número de miembros que participan en un sistema, así como el incremento de las interacciones entre estos participantes son condiciones para la complejidad, pero lo que transforma al sistema en complejo es la dificultad para describir los comportamientos de sus integrantes. Es decir, aunque conozcamos detalles de una situación y sus actores, si esta realidad es compleja, no podremos pronosticar con algún grado de precisión su comportamiento futuro.

El ritmo ascendente en que se suceden los cambios viene acompañado —porque es una de sus consecuencias— de la disolución de lo permanente. Como bien lo puntualiza Zygmunt Bauman:

"la sociedad moderna no puede mantener su forma ni su rumbo durante mucho tiempo, todo en ella es efímero y sus miembros cambian antes de que las formas de actuar se consoliden en unos hábitos y en unas rutinas determinadas". [9]

Esta adicción al cambio deja tras de sí un vacío abismal entre aquellos globalizados que poseen una visión panorámica, totalmente virtualizada de la realidad sin límites espaciales o temporales, mientras otros, los locales, siguen anclados a lo finito del territorio que ocupan y al tiempo físico.

Vivimos, por tanto, en una realidad que ya no es un estado sólido e invariable, sino que se presenta como un fluido en tránsito en el que nada se mantiene demasiado tiempo en escena. Es una mutación continua que devalúa lo que antecede y hace impredecible lo que sucede.

La brecha entre quienes conducen el cambio y aquellos que ignoran sus consecuencias es parte de ese mundo líquido [10], sin asideros ni referencias. Es precisamente en esa brecha donde germinan un conjunto de riesgos que llamaremos *líquidos*, y que hoy no hemos conseguido fórmulas efectivas para mitigarlos dada la dificultad para entenderlos, definirlos y abordarlos.

El reto que tenemos por delante quienes estamos llamados a gerenciar esta nueva clase de riesgos es inmenso, no solo por la intangibilidad de las amenazas y las dinámicas líquidas en las que se desenvuelven, sino por sus capacidades de adaptación al entorno.

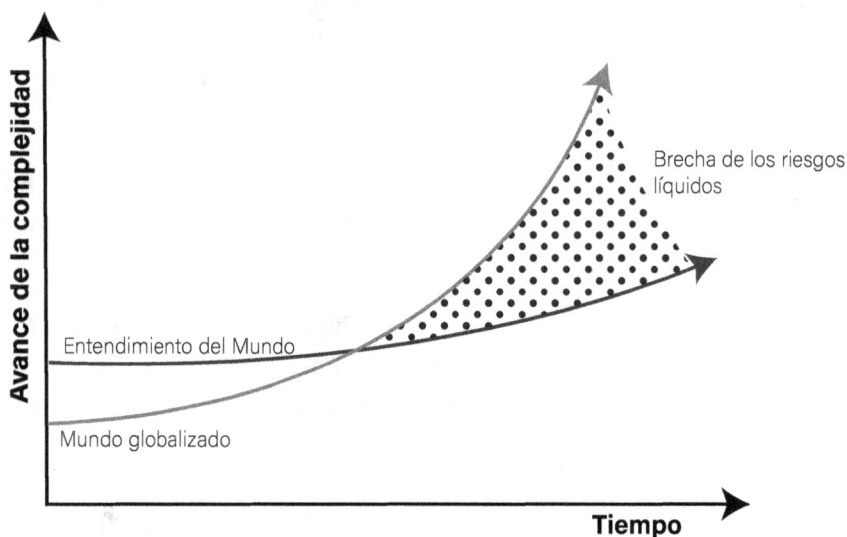

Gráfico 1: *La brecha de formación de los riesgos líquidos*

Hemos estado habituados a lidiar con amenazas sólidas y tangibles. En la realidad de lo estático, las amenazas tenían rostro y se diferenciaban de su entorno, funcionaban en un marco temporal y espacial definido, y en relación de sus modos de operación podíamos llegar hasta predecir algunos de sus movimientos. En contraste, en el mundo líquido estas nuevas amenazas tienen la capacidad de aparecer y desvanecerse, se mimetizan con su entorno y traspasan fronteras temporales y espaciales a través de las redes globalizadas que lo interconectan todo.

De la complejidad del mundo líquido se deriva su incomprensión. Ambas, complejidad e incomprensión se realimentan entre sí en una dinámica acelerada que coloca al individuo en medio de la más grande incertidumbre, y a partir de allí, se convierte en un sujeto vulnerable de quienes decidan explotar su nula capacidad de entender (y pronosticar) el futuro inmediato. Es así, como los riesgos líquidos se forman y se fortalecen en un ciclo que tiene a la incertidumbre como eje para la pérdida de toda referencia que haga al entorno predecible.

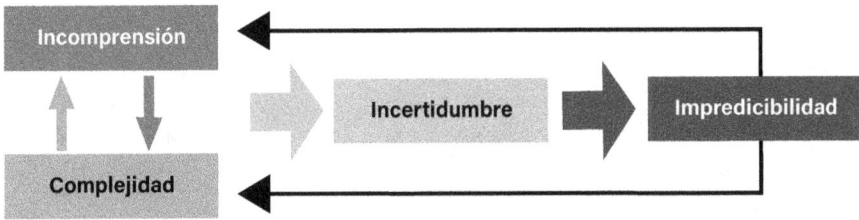

Gráfico 2: *Ciclo de formación de los riesgos líquidos*

El terrorismo global fue quizás la primera amenaza líquida del milenio puesta en evidencia en los hechos del 11 de septiembre de 2001 [11], y a partir de allí, son múltiples los fenómenos que sorprenden a la humanidad con altísimos costos en vidas, bienes materiales, pérdida de confianza, reputación e institucionalidad.

Podríamos decir que en el futuro todos los riesgos serán líquidos, aunque ya muchos de ellos nos impactan en el presente.

En la complejidad de la globalización está el desarrollo tecnológico acelerado de la Inteligencia Artificial, los avances en la manipulación genética y la explosión de las redes sociales, pero también se encuentran riesgos más indefinidos y, por tanto, difíciles de calibrar. Estamos refiriéndonos a los efectos de las posverdades, el liderazgo populista que crece como la espuma, las guerras híbridas y la destrucción de reputaciones en cuestión de horas a través de mensajes viralizados. Buena parte de esto ocurre en la dimensión de lo inmaterial y frente a nuestros ojos, sin que seamos realmente capaces de verlo. Es la sustitución del mundo de los átomos por el mundo de los bits codificados en información y conocimiento, que para la sociedad líquida es la expresión máxima del poder.

2007	2017
Exxon Mobile 1	1 Apple
General Electric 2	2 Alphabet
Microsoft 3	3 Microsoft
Petrochina 4	4 Facebook
Royal Dutch Shell 5	5 Amazon
Alphabet 29	10 Exxon Mobile
Apple 70	21 Royal Dutch Shell
	27 Petrochina
Amazon 367	30 General Electric

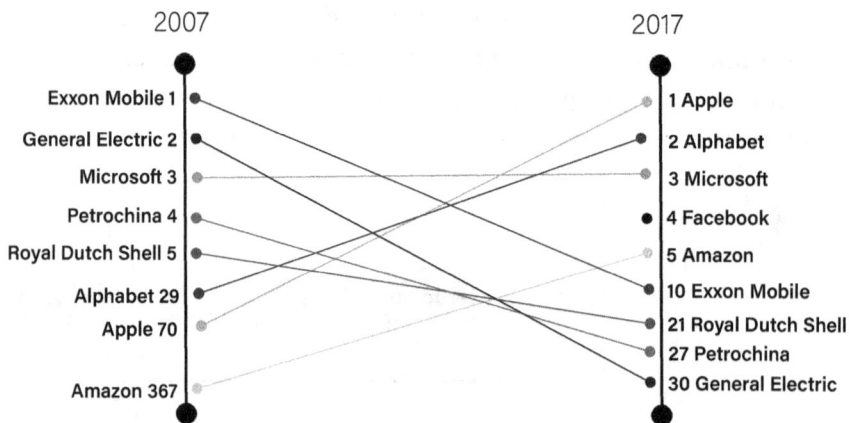

Gráfico 3: *La transformación en 10 años de la economía de los átomos a la economía de los bits* [12]

RAND Corporation, el laboratorio de ideas para formulación de políticas, favorito del Departamento de Defensa norteamericano, acuñó el término *Descomposición de la verdad* (Truth Decay) para describir el papel disminuido que tiene hoy la verdad en la vida pública de los Estados Unidos. *"La descomposición de la verdad se ha unido al nuevo léxico que incluye frases como noticias falsas o verdades alternativas."* [13]

Estamos hoy en el umbral de una realidad que apenas comenzamos a conocer. Necesitamos entenderla antes de poder abordar plenamente nuevos métodos para mitigar estos riesgos, de allí, que resulte indispensable crear conciencia de la naturaleza de los actores que impulsan estas nuevas amenazas. Son los retos que imponen los escenarios líquidos, en los que nada dura mucho y la aceleración del cambio borra todo aquello que pretenda erigirse como permanente.

Algunos escépticos del aceleracionismo consideran que la realidad actual es tan cambiante como lo ha sido en el pasado, y se sobrestima el impacto que tiene el ritmo del cambio en la vida de los individuos y las sociedades.

Es indiscutible el hecho que el mundo ha pasado antes por tiempos acelerados y que estos se repetirán en el futuro. El actual no es único, pero sí tiene características particulares y que lo diferencian de otros. Lo más significativo es que este tiempo ocurre en plena globalización, con un proceso de desarrollo y convergencia tecnológica sin precedentes, con disponibilidad inmediata de información infinita y en medio de una explosión de conectividad potenciada por las redes sociales. Nunca, el mundo había sido tan accesible como ahora.

Pero, este ritmo acelerado del cambio no llegó por azar, se ha venido formando progresivamente, y en algún momento, en el pasado reciente pasó por un punto de inflexión que lo dinamizó. Thomas Friedman, en su libro *Gracias por Llegar Tarde* (2016), precisa que fue en junio de 2007, con el lanzamiento del iPhone, el primer *smartphone* de la humanidad, que la historia se aceleró.

"...hay años especiales para los vinos y hay años especiales para la historia, y el 2007 fue uno de ellos. No sólo por el surgimiento del iPhone, un amplio grupo de empresas emergieron en torno a ese año. Juntas, las empresas y sus innovaciones han reconfigurado la manera en que la gente y las máquinas se comunican, crean, colaboran y piensan." [14]

Es posible que así fuera, de hecho, en una visión retrospectiva, en el 2007se inclinó la pendiente de los cambios, aunque para nuestro propósito, no es relevante el día de cambio, sino la convergencia en tiempo y espacio de un inmenso caudal de energía transformada en avances de la industria de alta tecnología, tales como; la fabricación de microcomponentes electrónicos con circuitería integrada en un solo chip, la innovación en lenguajes de programación, la aparición de nuevos sistemas operativos en las ciencias de la computación y la expansión de las redes digitales de telecomunicación, lo que lanzó a la humanidad a esta dinámica acelerada.

En los sistemas mecánicos esa energía acumulada se llama *potencial* y se refiere a la capacidad que tiene un objeto de moverse y transformar su potencia en movimiento. Esta metáfora puede servir para explicar que los procesos de cambio en las sociedades, y más aún cuando el cambio es acelerado, no ocurren de la nada, sino que previamente, un conjunto de fuerzas ha venido acumulándose en el tejido social y económico que, llegado un punto crítico, o un evento particular, tales fuerzas se liberan y ponen en movimiento una dinámica de cambios.

Un ejemplo fue la caída del muro de Berlín. Durante más de tres décadas en los países europeos de dominio soviético se habían venido manifestando múltiples fuerzas de cambio social que al ser reprimidas o frustradas, como ocurrió en Hungría en 1956 o en la primavera de Praga en 1968, no pudieron transformarse, sino que se acumularon y maduraron para estallar aceleradamente en 1989 y derrumbar no sólo las barreras físicas que las dividían de su entorno, sino librarse del comunismo.

El año 2007 puede verse bajo la misma óptica, la acumulación de fuerzas del desarrollo tecnológico, de las telecomunicaciones y de los procesos de globalización consiguieron en un objeto como el iPhone, que de alguna forma las encarnaba, un punto de apoyo para acelerar los cambios.

Lo que es importante destacar aquí es que en los ritmos de cambio no acelerados del pasado percibíamos que teníamos más control sobre el entorno, ya fuera porque lo entendíamos más o porque podíamos pronosticar con más certeza el futuro. Eran tiempos lineales y con proporcionalidad entre causas y efectos.

De igual manera, han existido tiempos donde el ritmo del cambio es tan lento, que pareciera que la realidad siempre es la misma y opera con independencia del tiempo. Son esos períodos de la historia en los que el tiempo se ha congelado.

Jean Piaget, biólogo y psicólogo infantil suizo, escribió en 1946, a sugerencia de Albert Einstein el libro, *Desarrollo de la Noción del Tiempo en el Niño.* Allí, Piaget definió que la noción del tiempo en el niño surge a partir de la experiencia del movimiento: *"Esta nace como posiciones espaciales diferentes o idénticas, sucesivas o simultáneas...podemos, pues, establecer un paralelismo entre el tiempo y el lugar. Las nociones de antes, después, ahora están ligadas a las de delante, detrás o aquí."* [15]

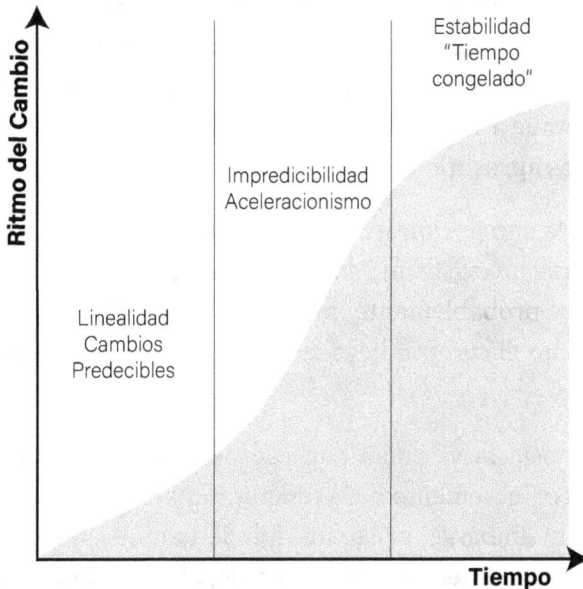

Gráfico 4: *El ritmo del cambio: Linealidad - Impredecibilidad - Estabilidad*

En línea con los conceptos de Piaget pudiéramos pensar que hemos "desarrollado" la aceleración del tiempo como producto del movimiento acelerado del mundo líquido. El estrechamiento del planeta expresado en la globalización y realimentado por el desarrollo tecnológico han cambiado la percepción del tiempo y las señales apuntan a que este cambio está en sus inicios y con mucha energía acumulada, lo que augura un largo trayecto.

Un aspecto interesante de esta dinámica en el cambio del ritmo de los tiempos es que no necesariamente, luego de procesos lineales de cambio ocurren períodos acelerados de impredecibilidad. De la linealidad se puede "saltar" a tiempos estables, sin pasar por periodos acelerados. De hecho, la impredecibilidad del aceleracionismo es poco frecuente y pudiera asociarse a grandes procesos de transformación en las civilizaciones, como lo fueron las revoluciones, las catástrofes naturales o las grandes guerras.

En complemento a la noción del cambio en el ritmo de los tiempos vale destacar un fenómeno bastante curioso conocido como *taquinesia*. Este consiste en que la persona que la padece percibe episodios de realidad acelerada a su alrededor. Lo describen como si los movimientos ocurrieran más apresurado de lo normal.

Referirse a la percepción acelerada del tiempo es, en cierto modo, una metáfora, ya que no existe un sentido del tiempo, como el olfato, la vista o el tacto, y es probablemente, a través de los ritmos circadianos del organismo como el cerebro lleva cuenta de los lapsos entre un evento y otro.

A la taquinesia la vinculan con causas fisiológicas y neurológicas asociadas con el incremento de la temperatura corporal y algunos tipos de migraña. Sin embargo, existe un tipo de taquinesia relacionada a la activación extrínseca del sentido del tiempo, y aunque las investigaciones sobre el tema son escasas, la realidad apunta a la simultaneidad y el *multitasking* facilitado a través de plataformas tecnológicas y la habilidad de mutar entre lo real y lo virtual son algunas de las causas del aceleracionismo de los tiempos actuales.

Mi primera vivencia directa con riesgos líquidos ocurrió en 2014, Para esa época, era asesor de seguridad en un edificio de oficinas en una céntrica zona de Caracas. Había acompañado durante diez años a sus propietarios en un proceso progresivo de mejoras en la protección del inmueble, que para el momento albergaba unas 175 empresas y otras organizaciones públicas. Durante ese tiempo logramos reducir al mínimo los incidentes de seguridad incorporando tecnología y capacitando al personal de vigilancia. Asimismo, elevamos de una manera muy importante la cultura preventiva de los usuarios.

Entre nuestros activos más preciados teníamos un control automatizado de acceso muy bien diseñado y mantenido. Nos permitía registrar más de diez mil transacciones diarias y se había convertido en el eje de nuestro sistema.

Durante un fin de semana de ese 2014, en una ventana de mantenimiento programado del sistema y en una breve conexión a través de la internet para actualización, apareció un mensaje de alerta en la pantalla del servidor: *YOUR DATA HAS BEEN HELD HOSTAGE – PAY 15 BITCOINS TO RELEASE.*

Para la fecha se trataba de unos ocho mil dólares.[16] Era mi primera experiencia con un caso de *ransomware*, y si bien, pudimos restaurar la base de datos sin pagar el secuestro y con una mínima pérdida de información, ese día fue suficiente para comprender - en medio de la perplejidad que genera ser víctima - que estábamos desnudos frente a nuevas y poderosas amenazas y que, si no hacíamos algo pronto, no sólo perderíamos instantáneamente nuestra data, sino el esfuerzo sostenido de construir un modelo de seguridad que nos había tomado una década.

Comenzaba a asomarse la punta de un gigantesco iceberg.

CAPÍTULO 3

Una clasificación de los riesgos líquidos

Para comenzar a entender los riesgos líquidos es conveniente disponer de alguna clasificación. Aunque pueden agruparse de distintas maneras, dada su naturaleza mutante, y por tanto, difíciles de contener dentro de parámetros muy específicos, utilizaremos cinco categorías para clasificarlos: Tecnológicos, Económicos, Políticos, Sociales y Criminales. Ya que la mayoría de ellos son mixtos, la forma de representarlos es solapándose unos a otros.

Es posible que los solapamientos no solo sean dobles, pueden ser triples, como algunos tipos de noticias falsas difundidas sistemáticamente por medios digitales con el propósito de influir en las conductas del ciudadano y hasta cuádruples o quíntuples, en algunas modalidades de terrorismo o en el ejercicio sofisticado del poder a través de regímenes totalitarios. De hecho, es posible que gran parte de los nuevos riesgos sean líquidos. Igualmente, existen riesgos ya conocidos que nunca habían sido etiquetados de esta forma, pero son líquidos y han estado presentes ya por mucho tiempo.

En mi experiencia con el ransomware, sin duda se trataba en primera instancia, de un riesgo líquido asociado a la tecnología, pero con impacto económico y de naturaleza criminal.

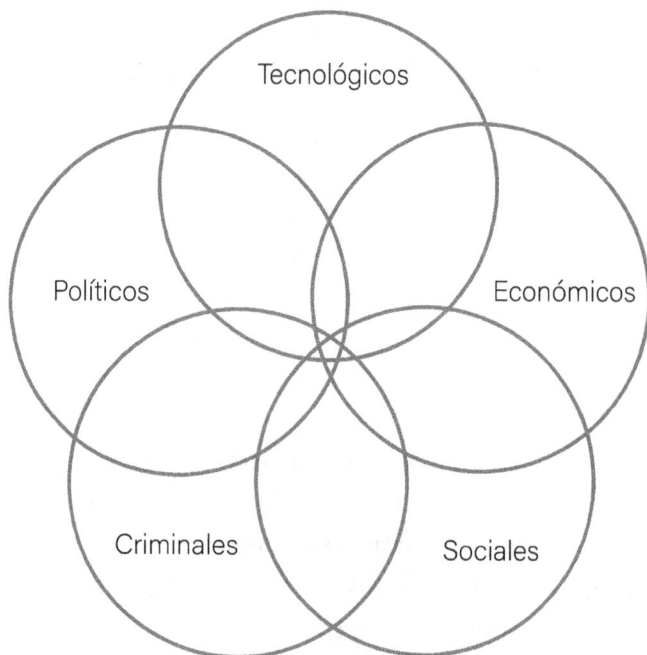

Gráfico 5: *Solapamiento de los riesgos líquidos*

A continuación, enuncio algunos ejemplos de riesgos que considero líquidos y que son generados por la acción humana:

Políticos

- Control social intimidatorio

- Nuevas formas de populismo en todo el espectro político

- Transformaciones de Repúblicas en Estados criminales

- Desnaturalización de las Fuerzas Armadas Regulares

- Manipulación de sistemas electorales

- Nuevos métodos para legitimar a dictaduras

- Narrativas para cambiar la historia

- Polarización y creación del enemigo interno

Económicos

- Nuevas plataformas de mercado para el delito (*Dark Web*)

- Utilización de criptomonedas como medios de pago de la delincuencia trasnacional

- Nuevas narrativas en torno a la economía digital

- Enfoque catastrofista del cambio climático

Sociales

- Tráfico de personas con fines de desestabilización

- Migraciones en masa

- Nuevas formas de consumismo

- Cultura de la cancelación

- Destrucción de reputaciones a través de redes sociales

- Nuevas formas de esclavitud

- Licuefacción de leyes y normas

- "Segurización" de la sociedad (Infundir temor haciendo creer que la seguridad nunca es suficiente para las dimensiones de las amenazas)

- Pérdida de límites entre lo público y lo privado

- *Pax* criminal

- Ser humano como agente cambio climático

- Nuevas narrativas para modificar la historia

Tecnológicos

- Apropiación de identidades

- Vigilancia biométrica

- Secuestro de datos (Ramsonware)

- Herramientas de Inteligencia Artificial y Big Data para control y dominación social

- Manipulación genética en humanos

- Enfermedades de contagio utilizadas como armas biológicas

Criminales

- Nuevas formas de terrorismo

- Globalización de la delincuencia

- Expansión de zonas grises y disolución de fronteras territoriales

- Expansión de mercados de drogas de diseño

- Nuevas narrativas para legalización de actividades criminales

Porque los riesgos líquidos son difíciles de identificar, no resulta sencillo hacer un catálogo de ellos. Los riesgos que se listan son una aproximación a patrones y casos que en el presente tienen relevancia pública. Algunos, tan controversiales como la manipulación genética en seres humanos, son especialmente sensibles a la opinión pública. Otros, pasan bajo el radar a pesar de que son atroces, tales como; las nuevas formas de esclavitud y las redes globales de pedofilia a través de internet.

El primer acercamiento para desarrollar el *awareness* necesario en torno a los riesgos líquidos es identificarlos. Este libro pretende ser parte del proceso inicial de definición, quizás, podríamos llamarlo el paso cero, el de reconocimiento primario del terreno, de allí, que la clasificación siempre podrá ser revisada y refinada, en la medida que se construya la consciencia suficiente para avanzar.

Los riesgos líquidos son en esencia globales, es decir, son omnipresentes, aunque no sean obvios a la vista. Aquí, exploramos aquellos que tienen mayor vinculación con el poder porque impactan de manera más directa la vida, la libertad y el bienestar de cada individuo en el mundo. Sin embargo, como ya lo hemos mencionado, dado el grado de imbricación del riesgo con su entorno, el análisis requiere una visión más completa de sus consecuencias.

Consideremos, por ejemplo, el control social intimidatorio. Se refiere al poder que ejercen los gobiernos para limitar las libertades, haciendo uso de una amplia gama de leyes, acciones represivas, programas sociales y hasta sofisticadas tecnologías de información orientadas principalmente a controlar las conductas de los ciudadanos. Es un sistema de condicionamiento diseñado cuidadosamente con una mezcla de castigos y recompensas, con el objetivo de extinguir comportamientos que resulten inconvenientes o incómodos para los gobernantes.

Si bien, la técnica de control social es tan antigua como el poder, el modelo de condicionamiento a través del uso de plataformas tecnológicas para móviles, diseñadas desde los órganos de Inteligencia de los Estados, y que son obligatorias para acceder a servicios básicos del ciudadano, tienen como propósito ulterior capturar datos de ubicación física de las personas, con quiénes estas se comunican, los mensajes que emiten y qué tipo de información consumen, y así perfilar, tanto el grado de resistencia al gobierno, como el nivel de activismo en su contra. Dependiendo de esta información, en un primer momento, se incentiva o se intimida al individuo a moderar sus conductas, permitiendo o limitando su acceso a sistemas de transporte público, beneficios sociales, empleos, servicios de salud, etc. Todo esto interconectado, de una forma u otra, a la misma plataforma de Big Data donde se despliegan algoritmos de Inteligencia Artificial.

Por ejemplo, en Venezuela, se obliga a la gente a descargar una aplicación denominada *Sistema Patria*. Sólo a través de ella, se puede tener acceso a gasolina subsidiada, a vacunas contra el COVID-19 o al pago de pensiones. El usuario desconoce qué nivel de control tiene este programa en sus teléfonos móviles, pero es evidente que las capacidades de vigilancia a través de estos programas son extensas. [17]

Algo mucho más sofisticado aplica el Partido Comunista Chino utilizando un sistema de puntos que les suma o resta a los habitantes, y en función de ello, la gente tiene acceso a privilegios que se otorgan, tales como comprar mascotas, elegir el colegio de los hijos o tomar vacaciones en determinados sitios. [18]

Como se observa, enmarcar los riesgos líquidos no es tan sencillo porque mutan, se adaptan y se transforman de acuerdo con los entornos donde se despliegan y sus efectos son incontenibles por quienes deciden explotarlos.

Un ejemplo único de fusión de riesgos líquidos ocurrió entre noviembre de 2020 y enero de 2021, cuando el mundo vivió, en tiempo real, los eventos de la elección presidencial de los Estados Unidos.

La nación americana llegaba al 3 de noviembre de 2020, día de la elección, en medio de dos grandes incertidumbres, la pandemia del coronavirus y la guerra informativa en torno a las preferencias republicanas o demócratas.

Como ya lo hemos señalado, la incertidumbre es el eslabón central en la cadena de formación de los riesgos líquidos. Para llegar allí, dos procesos han venido interactuando aceleradamente: la complejidad (globalizada) de los efectos de la pandemia sobre la actividad del planeta, incluido el impacto en la economía y la seguridad de los Estados Unidos; aspectos clave en el debate por el poder; y la incomprensión relacionada a la naturaleza del virus, la efectividad de las vacunas que se estaban desarrollando para el momento y la estimación de una fecha para el reinicio de las actividades en todos los órdenes, desde la industria hasta la educación preescolar.

Recuerdo haber estado en Washington DC una semana antes de la elección y me sorprendí al ver la desolación de las calles, cientos de lugares cerrados y los hoteles operando al mínimo de sus capacidades. No se parecía en nada a la capital de un país a punto de decidir su futuro político para los próximos cuatro años.

Sin lugar a duda estábamos en una realidad con un futuro inmediato incierto y casi imposible de predecir. Por un lado, era difícil hacerse un pronóstico sobre los resultados de la elección. Ambos candidatos se presentaban igual de fuertes o igual de débiles, los medios principales lucían inclinados hacia Joe Biden utilizando como base un sinfín de encuestas y análisis históricos de data. Por otro, los rallies de Donald Trump se veían repletos de gente en todas las ciudades a las que llegaba, a pesar de las restricciones de la pandemia. Sencillamente, no había sistema alguno para comparar un candidato frente al otro porque cada lado manipulaba las referencias. Esto iba desde la materialización de las narrativas para modificar la realidad y la historia, hasta la vulneración *ex profeso* de las debilidades en los procesos electorales.

Dado que los estados de la nación americana se rigen por distintas leyes electorales y tienen varias maneras de elegir a través de votos presenciales o por correo, votos previos o sufragios el día de la elección, se le agregaba un nivel adicional de complejidad. Pero lo más significativo y paradójico del proceso era que toda la información disponible se potenciaba en una vorágine que en lugar de informar, cumplía el objetivo de desinformar. Era la tormenta perfecta para que se desplegaran una gama amplia de riesgos en toda su liquidez.

Y así fue, la elección ocurrió en medio de tal incertidumbre que no hubo resultados definitivos por más de 30 días. Desde la misma noche del 3 de noviembre comenzó un nuevo nivel de desinformación. Decenas de denuncias de fraude aparecieron refrendadas con afidávits en contra de Dominion [19], empresa proveedora de tecnología para elecciones. Estados como Arizona, Pennsylvania y Georgia no podían declarar un ganador definitivo dada la complejidad propia de los sistemas de votación y lo cerrado de los resultados. Un año después de la elección, aun existen dudas en 33% [20] de los votantes que el proceso haya sido limpio y transparente.

Trump, en una forma inédita de rebeldía conta el sistema, nunca reconoció oficialmente los resultados ni concedió a Biden la victoria. En su lugar, decidió recorrer de nuevo el país y deslegitimar la elección. Una conducta desconcertante hasta para los republicanos, que no obstante el populismo del líder, decidieron seguir respaldando a su candidato.

No fue sino hasta el 6 de enero de 2021 que ocurrió lo inesperado, en una fusión aún más líquida de los acontecimientos, tras un discurso del todavía presidente Trump, en Washington DC, en el cual denunciaba que se había cometido un gran fraude en las elecciones del 3 de noviembre y mientras ocurría la certificación final de votos en Congreso, un grupo de manifestantes pro Trump tomaron violentamente el edificio legislativo, lo que forzó la suspensión del acto de certificación, en el que varios senadores republicanos tenían originalmente la determinación de objetar el proceso.

Los incidentes en el sitio llegaron a un punto máximo de descontrol, con cinco víctimas mortales y decenas de heridos. Fuera de allí, Trump hacía llamados a la calma a través de Twitter, pero las redes sociales sincronizadamente decidieron suspender las cuentas personales del presidente en una acción sin precedentes, bajo la premisa que incentivaba a la insurrección y a atentar contra el Estado de derecho.

Una vez más, en una hábil construcción de narrativas, verdades y percepciones, los medios mostraron a Trump como el causante de la violencia, lo que facilitó los argumentos de deslegitimación de las denuncias de fraude. A partir de allí, se consolidaba de facto la derrota del presidente, que debió entregar el cargo dos semanas más tarde, como lo manda la Constitución.

En paralelo, el COVID-19 llegaba a su tope histórico en los Estados Unidos el 8 de enero de 2021con 260 mil casos registrados ese día [21]. La vacuna, que se había generado una expectativa enorme, ya comenzaba a aplicarse desde mediados de diciembre, sin embargo, era una operación de emergencia y el número de dosis disponibles eran mínimas para la fecha, lo que le agregaba más ansiedad e incertidumbre a esos dos meses intensos y líquidos que, además, el mundo seguía muy de cerca.

En este ciclo particular de los dos últimos meses de 2020, se fusionaron riesgos políticos, sociales y tecnológicos con impactos significativos en lo económico. Un fragmento de historia reciente que sirve de ejemplo de la materialización de riesgos líquidos. En simultáneo, el devenir de múltiples eventos se acelera, la realidad se hace compleja e incomprensible, entramos en la dinámica de la incertidumbre y resulta imposible predecir el futuro.

CAPÍTULO 4

Se buscan futurólogos del presente

El futuro comienza hoy, no mañana.

-Juan Pablo II

U n *Monday morning quarterback* es una expresión norteamericana que se refiere a la persona que critica acciones o decisiones luego que sus efectos se han materializado y existen evidencias suficientes para evaluar la realidad. En el *hindsight* (en retrospectiva) desarrollar análisis y apreciaciones es relativamente más fácil y el riesgo de fallo mucho menor. El reto para quien pretende adentrarse en el mundo de los riesgos líquidos es tener la capacidad de *foresight* (en prospectiva), es decir, de verlos en tiempo real, comprender las fuerzas que interactúan y advertir sobre sus consecuencias. Este es hoy uno de los principales desafíos de la seguridad.

Con la adicción al cambio, a la seguridad también se le están borrando sus referencias, pues muchas de ellas eran producto de la experiencia pasada, por tanto, ha llegado el momento de comenzar a buscar respuestas, por paradójico que parezca, en el futuro.

No quedan dudas que esta fase de aceleración en la que vivimos crea novísimas amenazas a la seguridad con profundas consecuencias, más aún cuando pretendemos ver hacia el futuro con los cánones del pasado.

Sólo como ejemplo vale citar esa condición tan utilizada en el manejo de crisis conocida como "el peor escenario". Usualmente se diseña tomando como referencia el caso de mayor impacto ocurrido según la data histórica. Es decir, los sistemas de protección deberían ser capaces de tolerar condiciones tan severas como las acontecidas hasta la fecha. La realidad, sin embargo, demuestra que los desastres siguen pasando y los incidentes no paran de escalar en magnitud. Observemos el caso de la central nuclear de Fukushima en 2011, pudo soportar un sismo de magnitud 9 [22], pero no resistió el embate del tsunami producido por el terremoto, nunca estimado, aunque factible.

No existe reto más complicado que pronosticar el porvenir, sin embargo, nos toca asumir que el pasado ya no es suficiente referencia para enfrentar la magnitud y calidad de los agentes propulsores de amenazas que esta nueva dinámica de lo líquido trae consigo, más aún cuando el futuro se acelera y llega a una velocidad que no esperamos.

No se trata de descalificar y desechar la experiencia acumulada, al contrario, debe tomarse como la línea base en la curva de ascenso y, a partir de ella, aproximarse al futuro con una visión adaptativa y flexible. El problema radica en que los fenómenos de la globalización y la aceleración tecnológica están haciendo al mundo más complejo y líquido a cada hora, mientras que la seguridad sigue anclada en la historia, lo permanente y atemporal. No es que sea del todo malo, solo debemos entender que es diferente y no es suficiente. El cambio está ocurriendo ahora, aquí y en todas partes, y el momento de actuar es el presente, no hacerlo es quedarse muy atrás en la carrera.

El principal obstáculo para definir una futurología de la seguridad está en desvincular el análisis estático de la realidad, de la naturaleza dinámica y mutante de las amenazas. Para entenderlo más claro, no podemos abordar el porvenir pensando que mañana será igual que hoy.

Las responsabilidades de los líderes en la resolución de asuntos operativos son de tal magnitud, que simplemente no les queda tiempo ni energías para pensar en el mañana. Al contrario, lo venidero les atormenta y descuadra sus comprometidos esquemas del presente.

La seguridad cree en los valores, las normas, el *compliance*, la justicia e inclusive en Dios. Sin embargo, el mundo se mueve a alta velocidad y de forma acelerada, es decir, la realidad se hace cada vez más compleja de manera más rápida, ante lo cual tenemos muy pocas defensas. En un ritmo de transformación acelerado hasta el vocablo paradigma pierde todo sentido en esta realidad de lo líquido. Observemos el Bitcoin, una criptomoneda creada por un personaje anónimo, basada en una tecnología, el *blockchain*, que reconceptualiza el significado de la confianza, pues lo descentraliza, transformando el histórico rol del negocio bancario como intermediario garante. Tres de las principales criptomonedas: Bitcoin, Ethereum y Ripple —todas con nombres muy líquidos— tienen ya, a pesar de la volatilidad de sus valores, una capitalización equivalente a la suma del PIB de varios países de América Latina. Hemos pasado sin siquiera advertirlo, de la economía sólida a la economía virtualizada de los bits. De allí su potencial intrínseco para amenazar a economías controladas desde el poder. No debe extrañarnos, por tanto, que China haya ilegalizado en septiembre de 2021 el uso de las cripto, decisión que muy probablemente le seguirán otros. Paradójicamente, China es el país que más minería de monedas encriptadas realiza. En abril de 2021, tenía el 46% del total, mientras que el resto se repartía en más de 30 países.

Los riesgos líquidos son la consecuencia inevitable de, por un lado, la aceleración de la complejidad impulsada por el desarrollo tecnológico y la globalización, y por el otro, de la incapacidad que tiene la sociedad para absorber y procesar el ritmo del cambio. Es en esa brecha de inconsciencia entre ambas que habitan nuevas y poderosas amenazas.

Un riesgo es líquido porque su forma muta y se adapta al entorno que lo moldea, es difícil de contener, se derrama con facilidad y, si bien, resulta intangible al momento de determinarlo con algún grado de precisión, sus efectos son muy reales.

Estos riesgos líquidos han comenzado a manifestarse en múltiples expresiones, por citar algunas veamos el incremento de la inestabilidad política y la polarización. A manera de ejemplo, China es uno de los polos de atracción con capacidad de alterar en tiempo real el perfil de los riesgos del mundo. En 2014 el gobierno chino decidió mudar una plataforma de extracción de petróleo cerca de la costa de Vietnam provocando protestas anti-chinas en la ciudad de Ho Chi Minh, lo que obligó al cierre de varias plantas manufactureras globales de juguetes y ropa. Es así como un conflicto por aguas territoriales en el sureste de Asia terminó vaciando los estantes de varias cadenas de tiendas en los Estados Unidos unas semanas después. [23]

Pero otros casos más recientes como el del supercarguero Evergreen, que en marzo de 2021 encalló en el canal de Suez y bloqueó literalmente el comercio mundial por varios días, con un impacto estimado en pérdidas de 0.4% del comercio mundial y alrededor de 145 mil menciones en Twitter, demuestran el grado de interdependencia y conectividad en el que vivimos a diario. [24]

Con el COVID-19 se ha hecho evidente el poder global de los riesgos líquidos. Lo que comenzó en una ciudad china a finales de 2019, ya había causado en diciembre de 2021, 5,42 millones de muertes en todas partes del mundo [25], aunque se estima que las cifras son mayores. Las realidades ya no se limitan a lo local, se transmiten aceleradamente y se hacen globales. Esto pasa con los virus, pero va mucho más allá, se aplica igualmente al terrorismo, los ciberataques, las guerras asimétricas y hasta a las *fake news*.

Otra manifestación se aprecia en cómo las organizaciones cada vez pueden mantener menos secretos, porque la conectividad de las redes y la horizontalidad del poder han llevado a grupos de interés a exigir, con más contundencia, en qué dirección se mueven las tendencias. Al mismo tiempo la gente se virtualiza y produce múltiples versiones de su propia realidad. Queda preguntarse: ¿Quién es quién detrás de las redes? ¿En quién confiar? El mismo que pide transparencia a lo colectivo se hace opaco y difuso en lo individual.

Un ejemplo adicional de riesgo líquido se encuentra en lo que se ha etiquetado como verdad alternativa. Se trata, en esencia, de versiones deformadas de los hechos objetivos de la realidad y que por lo general buscan esconder o disfrazar mentiras.

Las verdades alternativas están bien construidas, toman hechos concretos y probados para elaborar argumentos altamente convincentes, orientados a mover la opinión pública en la dirección de objetivos usualmente oscuros o tendenciosos. La dificultad principal para neutralizar a una verdad alternativa radica en que su origen es el poder. Son argumentos falaces que echan mano de complejas estructuras como medios de comunicación, prestigiosos personajes y cuantiosos presupuestos para sostenerse. Pero ¿cuál es el interés de impulsar y mantener historias falsas? Y, ¿qué se gana con ello?

El propósito es esencialmente político-económico. Para visualizarlo debe comprenderse cómo opera el mundo globalizado y cuál es el valor de la información en el proceso de toma de decisiones de alto nivel. La verdad alternativa no pretende ser una profecía que de tanto propagarse se termine autorrealizando. Se trata de la construcción de una narrativa paralela, que se sujeta a la realidad sólo a través de hechos puntuales y se promociona como una verdad irrefutable a través de múltiples vías, aunque las evidencias demuestren lo contrario, tal como lo relatamos en el caso de la toma del edificio del congreso en Washington DC.

Los riesgos líquidos son para la seguridad, lo que en su momento fue el iPod para la música. Aquellos que entendieron el cambio, se adaptaron y dieron el salto a una dimensión distinta; bajo nuevos paradigmas y con otras reglas, tuvieron éxito y sobrevivieron; los que no lo vieron venir, se quedaron atados en el pasado sobre un formato sin valor para una nueva realidad que los hizo desaparecer. Sólo veamos los tropiezos y la caída del gigante de la fotografía Kodak a partir del 2012, ante la evolución en la captura y transmisión digital de imágenes.

Este es el desafío: hacer consciente lo desconocido, incrementar el ritmo de entendimiento del entorno sumergiéndose en él, en lugar de aislarse, adaptándose con flexibilidad a las situaciones que trae el futuro acelerado.

Adicionalmente, la seguridad debe asumir una función estratégica dentro de la organización a la que sirve, al tiempo que automatiza procesos operativos repetitivos. Se trata de una migración hacia la inteligencia, la construcción de alianzas poderosas y el desarrollo de procesos que analicen escenarios y consecuencias de las decisiones que se toman en el presente.

En esta época de riesgos líquidos nunca habrá seguridad suficiente, por ello estamos obligados a diseñar soluciones más prospectivas que retrospectivas capaces de "leer" mejor el futuro que tenemos por delante, pues es donde habitan los peligros con poder de afectarnos.

Los nuevos retos para la seguridad global pasan por entender la complejidad de las nuevas realidades, y a partir de allí, diseñar estructuras flexibles, con liderazgos capaces de adaptarse a los cambios y que sepan transformar las incertidumbres en certezas.

No existe reto más complicado que pronosticar el porvenir, sin embargo, nos toca asumir que el pasado ya no es suficiente referencia para enfrentar la magnitud y calidad de los agentes propulsores de amenazas que esta nueva dinámica de lo líquido trae consigo, más aún cuando el futuro se acelera y llega a una velocidad que no esperamos.

CAPÍTULO 5

Venimos del caos y hacia el caos vamos

No deseamos cambios.
Todo cambio constituye una amenaza para la estabilidad.

-Aldous Huxley – Un mundo feliz

El riesgo en su forma más básica es la suma de vulnerabilidades y amenazas. Las vulnerabilidades pueden considerarse como debilidades o fallas a través de las cuales las amenazas pueden penetrar y explotar, para así materializar un riesgo. Todo riesgo materializado conlleva una pérdida que no sólo es de dinero, puede ser de tiempo, reputación, salud, vidas, mercado, etc. Si nos referimos a riesgos líquidos debemos entender que el factor diferenciador en relación con la naturaleza de otros riesgos es que sus causas son igualmente líquidas, ya sean vulnerabilidades o amenazas.

Conseguiremos, entonces, que la mayoría de los riesgos líquidos son producto de amenazas, igualmente líquidas, que inician explotando una misma vulnerabilidad, que no es otra que la incomprensión que tenemos individuos, organizaciones y sociedades del ritmo de cambio acelerado que ocurre en nuestro entorno y que se manifiesta de múltiples formas, desde la fragilidad institucional de la democracia, dada la rigidez de sus patrones, hasta la maleabilidad del poder de decisión del individuo a través de las redes sociales.

Los actores detrás de estas amenazas líquidas son muy variados y usualmente no se revelan con facilidad, al contrario, se infiltran u ocultan tras la cotidianidad, la institucionalidad e inclusive detrás de la verdad. Por paradójico que parezca, hoy, en tiempos de ultratecnología e hiperconectividad, las amenazas son más anónimas, ubicuas e impredecibles de lo que nunca fueron. Y lo son, precisamente, por el poder y habilidad que poseen sus agentes en el manejo de las ventajas que ofrece la sociedad del conocimiento y la información.

La aplicación cada vez más frecuente del "principio de la invisibilidad" es válido a múltiples amenazas que no tienen una materialidad física permanente o viven camufladas en el entorno. Hoy, una parte del terrorismo ocurre en lo mediático. La generación y propagación (igual que los virus) de narrativas falsas o conspirativas generan desmoralización en la población. La gente se enferma de desesperanza y el enemigo gana la batalla desde dentro de su adversario, sin necesidad de pelear en el plano físico.

Las disminuidas capacidades que tienen los Estados nacionales para proteger a sus ciudadanos frente a estos repotenciados peligros han quedado evidenciadas en las decenas de agresiones terroristas ocurridas en los últimos años en Europa y América. El 14 de julio de 2016, un atacante solitario de nacionalidad tunecina conduciendo un vehículo de carga embistió a cientos de personas en el Paseo Marítimo de Niza cuando celebraban el día de la independencia de Francia, dejando un saldo de 84 fallecidos [26]. Una de las razones que explican la limitada evolución de la seguridad durante estos años, se vincula precisamente con las poquísimas complicaciones que tenían las autoridades en el pasado reciente para identificar, leer e interpretar el nivel de peligrosidad que tenían las amenazas.

Cuando se exploran las características y motivaciones que poseen las amenazas en nuestros días, independientemente del origen o naturaleza, es posible identificar algunos rasgos que las distinguen, pero que a la vez las hacen más complejas de combatir y neutralizar. No todos estos rasgos se manifiestan en igual intensidad o magnitud y no debe obviarse la habilidad de las amenazas para mutar en tiempo, espacio y modos de operación, a fin de mantener, en algunos casos, el anonimato o bajo perfil de sus andanzas.

La primera de estas características es la construcción de redes. La delincuencia organizada, el terrorismo fundamentalista o grupos xenofóbicos no actúan como personas con rostros reconocibles, son organizaciones intrincadas con ramificaciones matriciales que se asocian en funciones y regiones, donde el trabajo se segmenta y articula de manera que todos dependan de todos, en un modelo de ingeniería distribuida, que cuidadosamente fragmenta la información y el poder. Es una malla con múltiples nodos de interacción en la que se impone lo colectivo sobre lo individual.

Los cárteles de la droga, por ejemplo, operan simultáneamente procesos de cultivo, procura, producción, distribución y comercialización en cadenas especializadas que se extienden en el mundo entero, donde sólo muy pocos tienen una visión global del negocio. De allí, la dificultad para desarticular completamente a estas organizaciones.

El segundo aspecto a destacar es la vinculación con el poder. Detrás de las actividades criminales de sofisticados y complejos niveles de organización, se mueven ingentes cantidades de dinero que, entre otros fines, se emplea para sobornar y extorsionar la debilitada institucionalidad de Estados corruptos de los que se aprovechan estas nuevas amenazas para posicionarse de manera solapada, pero estratégica, en las capas decisoras de las estructuras de poder. Para el terrorismo, sin embargo, el poder establecido a través de las instituciones no es un fin en sí mismo, representa más bien un objetivo al que debe subvertírsele, intentando medrar sus bases, dejando expuestas sus debilidades y contradicciones para así generar desasosiego en el ciudadano, que observa cómo los Estados no pueden, de manera efectiva, hacer frente a manifestaciones de violencia y crueldad típicas de estos movimientos. La guerrilla colombiana con alguna frecuencia realiza ataques a poblaciones civiles en las provincias en las que el ejército no logra hacer presencia, produciendo frustración en el poblador, que no percibe la acción del gobierno. De igual manera, grupos de cibercriminales penetran, atacan y toman el control de redes de información de instituciones gubernamentales, con el solo objetivo —hasta los momentos— de ridiculizar el poder constituido y formal.

Fortalecerse a través del caos es una de las características principales de las nuevas amenazas. Capitalizar la entropía social para su beneficio es una de las "virtudes" de las redes delictivas. De allí, el interés en subvertir el orden establecido, generar incertidumbre y descolocar a las estructuras que sostienen o hacen cumplir las normas. Como la energía del caos es altamente desestabilizante, aliarse con ella es una fórmula que conduce a escenarios de anarquía, muy propicios para extender las redes organizadas del mal.

Las zonas grises

Las amenazas líquidas tienen una capacidad singular para disolver estructuras e instituciones. Cuando los Estados nacionales son frágiles, la soberanía es uno de sus objetivos.

La disolución de la soberanía se manifiesta de múltiples formas, pero quizás la más evidente es la que ocurre en las fronteras. Es por los bordes por donde se "deshilachan" los países. Esto no ocurre por azar y su curso natural desemboca en el conflicto.

Cuando un gobierno destruye la institucionalidad, convierte la impunidad en un bono para el delincuente, se transforma en la amenaza principal para su propia población y, además, fracciona el territorio en parcelas para ser explotadas por la actividad criminal, entonces estamos frente a la lógica de la disolución de una nación, expresada en la aceleración de la conflictividad en todas las capas sociales. Esto se hace más evidente con el fortalecimiento de grupos criminales, tanto del Estado como extraestatales y paraestatales, cuya lógica es la confrontación.

En los países la criminalidad está siempre presente y es oportunista. Cuando se dan las condiciones, va a pasar de baja intensidad, a formas más organizadas y autosustentables. De allí que la desinstitucionalización es directamente proporcional a la expansión del crimen organizado.

En los niveles superiores, las estructuras criminales no sólo se expanden, sino que ejercen su propia autoridad por encima de lo que pueda quedar del Estado y su población, en lo que se llama paz criminal. Una forma compleja de orden dentro del caos basado en el miedo y la represión.

Pero como en todo sistema complejo, el crimen en estas magnitudes opera lejos de su punto de equilibrio, aunque es adaptativo, por tanto, muy sensible a las condiciones del entorno. Esto se traduce en que las sociedades viven siempre en el continuo entre dos puntos: negociación o conflicto. De hecho, estos son sistemas que necesitan el conflicto para poder canalizar las energías del crimen. Por ello, el delincuente prefiere los entornos grises y caóticos, y si existe algún tipo de paz, es la que impone el crimen, siempre dependiente de la azarosa voluntad del capo de turno.

Otro aspecto clave de la complejidad y que está presente en las fronteras es la no linealidad de la realidad. Esto es que no existe una lógica entre causas y consecuencias, todo es nebuloso (típico de lo gris). De allí la dificultad para entender lo que ocurre y la facilidad para que sucedan nuevos conflictos.

Una vez que las sociedades entran en la compleja dinámica del caos todo sistema de referencia anterior basado en la institucionalidad desaparece. Ya no existen parámetros fijos, y es precisamente en ese estado —flotante— donde resulta más fácil dominar a la gente.

Estas nuevas amenazas ya no se limitan a los grupos islamistas o la delincuencia organizada transnacional. Las crisis políticas de la democracia representativa, tal como la conocemos hoy, vienen incubando una especie de riesgo cada vez más presente en Occidente; se trata del acceso al poder de líderes y movimientos populistas o ultranacionalistas a través de procesos electorales.

En las elecciones de Alemania de 2021, el partido Alianza por Alemania (AfD, por sus siglas en alemán) obtuvo el 10,3% de los votos, alrededor de 4,8 millones de personas lo respaldaron [27]. Es una organización fundada en 2013 con una afiliación conservadora ubicada entre la derecha y la ultraderecha. Su ideario populista defiende las propuestas nacionalistas, se define como euroescéptico y tiene como proyecto desvincular al país del euro y restaurar el marco alemán. De la misma manera, está el movimiento separatista catalán con el referéndum para demostrar que su territorio no forma parte del reino español. A estas manifestaciones se le agregan las controvertidas elecciones de 2020 en los Estados Unidos, la victoria del Brexit en Inglaterra y otras tendencias polarizantes que parecieran marcar un paso distinto en la geopolítica del orbe.

Si bien cada nación tiene su derecho a la autodeterminación y estos procesos se han venido dando dentro del orden democrático electoral, lo que estamos comenzando a ver debe alertarnos en la valoración de potenciales nuevas amenazas que se comienzan a prefigurar. No estamos frente a un proceso natural de progreso, cada vez se hace más evidente que existe una estrategia de segregación que empodera a ciertas élites, mientras se aísla a grandes porciones de la población, ya sea por raza, origen, religión o estatus migratorio, pretendiendo imponer un modelo de pensamiento único personificado por algunos privilegiados en una especie de rescate o reivindicación histórica.

Es una fórmula que funciona distinto en cada país, pero que tiene el mismo objetivo, la supuesta salvación de la sociedad de los riesgos de la globalización y la integración del mundo. Resulta muy paradójico que estos movimientos surjan de las mismas fuentes del primer mundo que impulsaron hace tres décadas, luego de la caída del muro de Berlín, una dinámica universal de integración, libre comercio y democratización, que ahora decide que los males de la humanidad fueron producto de una sobrefusión y que debe darse marcha atrás para sacudirse los problemas.

Las expresiones de estas amenazas van desde convertir a caravanas de migrantes en piezas de artillería social para manipular y generar tensión en instituciones ya sobrecargadas, hasta grupos separatistas que incentivan la polarización basada en la pérdida de identidad con un continente o un país.

De esta manera reaparecen escenarios que esta hace poco considerábamos superados: líderes de naciones amenazando abiertamente con el uso de armas atómicas, seres humanos que por millones deben salir de sus países porque sus padres no nacieron en la misma tierra, cierre de fronteras que tenían decenas de años abiertas y persecución o encarcelamiento perpetuo por delitos vinculados a la forma de pensar.

Así las cosas, a la seguridad de los Estados se les presenta el reto de luchar con fiereza contra el crimen amparado bajo la liquidez de la sociedad, mientras cuida la delgada y, a veces borrosa, línea de los Derechos Humanos.

En el mundo líquido las normas y los valores también han perdido el sentido de permanencia, alguna vez tan característico de la inamovible y sólida justicia. En la reducción de las amenazas líquidas cabe preguntarse: ¿cómo podemos contener la justicia en la territorialidad de los Estados, cuando los delincuentes son nómadas globalizados?

Las batallas contra el crimen hoy no tienen fronteras y en muchos casos, ni siquiera están sujetas a las dimensiones del espacio-tiempo, por tanto, la jurisdicción en el ejercicio de la ley se termina desvaneciendo en las intrincadas redes pobladas de personas a las que sólo conocemos por sus avatares y que dotadas de la ubicuidad de la tecnología aparecen y desaparecen en la instantaneidad de la modernidad líquida.

Otras nuevas y líquidas amenazas se derraman sobre la incomprensión de las sociedades globalizadas a un ritmo incontrolable. Algunas con objetivos muy concretos y con alto poder de destrucción. Estamos refiriéndonos, por ejemplo, a la generación sistemática de incertidumbre a través de la complejidad, la manipulación de sistemas electorales o la utilización de vigilancia biométrica, herramientas de Inteligencia Artificial y Big Data para el control social. No solo regímenes de corte autoritario o dictatorial utilizan medios tecnológicos avanzados para el control de sus ciudadanos. Son varios y cada vez más frecuentes, los gobiernos en Estados de tradición democrática que hacen uso de esta fusión tecnológica de capacidad de procesamiento y almacenamiento con fines que van más allá de la inteligencia de Estado. A través de ellas, se construyen perfiles sobre orientaciones ideológicas, hábitos de consumo, preferencias sexuales y otras tantas características, con el fin de emitir poderosos mensajes personalizados dirigidos a inducir ciertas conductas o decisiones. Así lo vimos en 2016, con Cambridge Analytica y la elección de Donald Trump en Estados Unidos, en el referéndum sobre el *Brexit* en el Reino Unido y más recientemente, en la emisión del llamado Pasaporte Verde en Europa creado con toda la intención de segmentar a los ciudadanos en función de sus creencias con relación a la vacuna del COVID-19.

De las amenazas líquidas se derivan los riesgos líquidos que, como ya mencionamos, son la consecuencia de la incomprensión del entorno producto de la aceleración de la globalización y la tecnología. Estar incapacitados para entender los fenómenos que nos rodean es equivalente a estar perdidos. Al no saber dónde estamos es cuando más vulnerables somos, y de allí, la facilidad de convertirnos en víctimas.

El problema con los riesgos líquidos es que, a diferencia de otros riesgos, cuyos efectos los sentimos de manera inmediata, estos, al ser difusos o estar diluidos entre aparentes bondades, los aceptamos sin tener conciencia que nos exponemos a perder activos, en ocasiones, mucho más valiosos que el dinero, y aquí nos referimos a la libertad, la privacidad o la posibilidad de elegir.

CAPÍTULO 6

La conquista de la incertidumbre

Es la incertidumbre lo que encanta a uno,
todo se hace maravilloso en la bruma.

-**Fyodor Dostoyevsky**

La incertidumbre es el primer producto de la interacción entre aceleracionismo y complejidad, y está en el centro del ciclo de formación de los riesgos líquidos. Pareciera, por tanto, que ha llegado el momento de aprender a vivir con ella porque se ha convertido en parte inherente de nuestro tiempo.

A los seres humanos, por lo general, nos atrae la certeza y el orden. Los escenarios de caos obligan a una permanente adaptación que consume recursos y, más aún, ponen en riesgo las metas logradas. Aunque, si bien hemos estado sometidos a toda clase de vicisitudes desde que aparecimos en la Tierra, no es menos cierto que los avances más importantes se han alcanzado en etapas de relativa paz, determinada en parte por la predictibilidad o periodicidad de los eventos. Es debido a esta necesidad de estabilidad consustancial al individuo que toda incertidumbre se hace sinónimo de inseguridad.

Si algo desea la sociedad contemporánea es vivir en esas zonas predecibles de certeza. Sin embargo, en simultáneo, esta misma sociedad ha creado el *rush* adictivo de la complejidad acelerada. Vivir entre estos dos terrenos irreconciliables es, de alguna manera, la fórmula de la angustia de los tiempos actuales abultados de complejidades y simultaneidad. Visto en un sentido amplio, el costo de vivir en este mundo líquido se paga canjeando certezas por incertidumbre, que es equivalente a entregar la seguridad.

Ser prisioneros del dilema certeza-incertidumbre generado por la complejidad de lo líquido equivale igualmente a vivir sometidos al relativismo del caos, donde las relaciones lógicas de causa y efecto se fracturan, se pierde la estabilidad necesaria para el desarrollo y se termina invirtiendo más energías en la supervivencia que en los objetivos y aspiraciones individuales y colectivos. Es una especie de trampa muy sofisticada del inconsciente en la que creemos correr aceleradamente hacia el progreso, cuando en realidad estamos transitando hacia la supervivencia.

Las certezas no necesariamente son verdades. Todos tenemos la certeza que el sol se mueve de Este a Oeste sobre el firmamento, pero la verdad es que el Sol está inmóvil respecto a la Tierra, y quienes giramos somos nosotros. Las certezas, por tanto, se construyen sobre marcos de referencia y percepciones y no solo a partir de hechos.

Hemos pretendido entonces hacer de las certezas un objetivo que, una vez logrado, no debe perderse jamás, como si se tratara de un bien material que se conquista o de un conocimiento que se adquiere. Más aún, no todas las certezas son tangibles y en muchos casos, su opuesto, la incertidumbre, es absoluta.

En estos tiempos de volatilidad, ambigüedad y aceleración de lo complejo lo más seguro es que vivamos sin ningún tipo de certezas. Además, hemos convertido a la incertidumbre en un tabú, una mala palabra, algo que se evita, que se aborrece.

La incertidumbre no tiene medida, lo que no se sabe no se puede estimar, y en los cánones del mundo estático, aproximarse a ella, produce el temor de dejar lo seguro. El problema está en que, así como no tenemos control sobre la incertidumbre, tampoco lo tenemos sobre las certezas, dada su dependencia de los marcos referenciales y las percepciones.

Un lugar donde siempre habitará la incertidumbre es en el futuro. En él, se conjugan las angustias y miedos de lo ignorado y lo inesperado. El futuro enmarca un relativismo fluido donde nada se sostiene, según la dinámica propia de la aversión a lo permanente. Si el futuro es incertidumbre, el futuro binario de saber o ignorar lo es mucho más.

Si bien no existe una fórmula para abordar la incertidumbre, hacerlo es uno de los retos más demandantes para el liderazgo, pues es al líder hacia quienes todos voltean en búsqueda de respuestas cuando el panorama luce incierto.

La gestión de la incertidumbre se convierte, por tanto, en un campo explotable y rico de oportunidades para quienes necesiten abrirse paso en medio de la complejidad. En este sentido, es deseable desarrollar algunas habilidades particulares, incluyendo la construcción de imágenes que dibujen un mejor futuro a pesar de las adversidades del presente. Hasta en escenarios de máxima conmoción, aparecen patrones que fijan ciertas reglas y que, de alguna manera, hacen visible la realidad. Para la seguridad resulta indispensable identificar y estudiar estas zonas de certeza -Zonas de Estabilidad-, pues en ellas existen claves para abordar aspectos como la sostenibilidad de espacios de paz y orden imbuidos en ambientes caóticos y la gestión de la adversidad en comunidades altamente impactadas por la pérdida de predictibilidad social.

Primero, no resulta sano caer en la tentación de inventar certezas que expliquen la incertidumbre ni formular argumentos que revelen lo desconocido, presionados por la natural angustia de no soportar saber aquello que está por venir. Los espacios que se conquistan a la incertidumbre no se transforman necesariamente en certezas, puede ocurrir un vacío de incertidumbre esperando ser llenado por respuestas en construcción. La creación de planes para emerger de crisis profundas son un buen ejemplo. Podemos tener un excelente diagnóstico situacional de las causas e identificados los objetivos a alcanzar para superar las contingencias, sin embargo, la generación de acuerdos, en qué dirección comenzar a moverse y cómo producir el *momentun* necesario para que se dé el cambio son, en principio, espacios de incertidumbre con altos niveles de complejidad.

Lo hemos vivido con la pandemia del COVID-19. Tenemos más cifras, estadísticas, diagnósticos, perfiles y hasta vacunas de las que nunca tuvimos en el pasado con respecto a grandes pandemias. A pesar de todas estas certezas seguimos inmersos en la incertidumbre del futuro. Aún ignoramos las capacidades reales de mutación del virus y la aparición de nuevas variantes, los efectos que las vacunaciones masivas tendrán sobre la población y si los nuevos modos de vida y trabajo afectarán de manera definitiva a muchos sectores económicos. Hemos colonizado espacios de incertidumbre que aún no se transforman en certezas.

En segundo lugar, es recomendable asumir la incertidumbre con flexibilidad y rapidez. Aproximarse a la incertidumbre con esquemas demasiado rígidos o con cautela extrema puede ser contraproducente. Si bien la ciencia tiene respuestas metodológicas para la investigación, es la exploración ágil, a manera de reconocimiento del terreno, lo que permite inicialmente adentrarse en lo desconocido. Se trata de avanzar sin muchas ideas preconcebidas, pero con la intención de hacer una ruta de movimiento que abarque la mayor cantidad de variables y la manera en que estas interactúan, ubicando aquellas que parezcan de mayor peso o poder de influencia sobre otras. Una vez identificadas estas primeras fuerzas que definen el escenario, se pueden construir algunos modelos iniciales o hipótesis de trabajo que intenten pronosticar situaciones futuras.

El espacio urbano como factor de transformación y orden social es un buen ejemplo de gerencia de la incertidumbre. Una tendencia que está cobrando cada vez más aliados en los procesos de prevención a través del diseño ambiental, la vemos en ciudades altamente congestionadas que, en lugar de construir nuevas calles y autopistas, vienen adoptando políticas de desarrollo de espacios exclusivamente peatonales dotados de transporte público de alta calidad. Lo que pareciera en principio una acción contra toda lógica, es realmente la humanización del espacio público.

Frente al caos del tránsito, se impone el ciudadano que se desplaza en medios alternativos por bulevares más seguros. Algunas ciudades han optado por la reducción del número de vehículos particulares que entran a sus perímetros, cobrando a estos, tasas más altas de peaje e incrementando el costo por estacionamiento, mientras que las tarifas de transportes masivos se reducen o subsidian para estimular al ciudadano a utilizarlos. Replantearse la movilidad urbana como una variable más para reducir el caos, y por ende la inseguridad es una hábil fórmula de manejo de incentivos que se traduce en políticas públicas de alto impacto.

Otro aspecto que vale la pena mencionar es la capacidad que tienen las comunidades de aliarse en redes ante las dinámicas del caos. En este sentido, la cohesión social es una nueva variable que viene a plantarse como respuesta a las amenazas amparadas en la incertidumbre.

Las comunidades socialmente cohesionadas se caracterizan por una situación global en la que sus ciudadanos comparten un sentido de pertenencia e inclusión, participan activamente en los asuntos públicos, reconocen y toleran las diferencias, gozan de una equidad relativa en el acceso a los bienes y servicios y en cuanto a la distribución del ingreso y la riqueza. Todo ello en un ambiente de relativa certeza, donde las instituciones generan confianza y legitimidad [28].

Como complemento, la gerencia de la insertidumbre necesita

liderazgos capaces de retar al *status quo*. Quizás el elemento motivador para enfrentar lo incierto sea salir de las regiones de confort que se construyen alrededor de las certezas. Si bien las certezas no son una garantía permanente de seguridad o estabilidad, es natural preferirlas a las oscuridades de la ignorancia. Pero como ya mencionamos, en estas realidades líquidas y complejas las zonas de certeza cambian de manera acelerada y tras el cambio surge la incertidumbre.

Siempre es preferible confrontar la incertidumbre en equipo, pues una sola cabeza o un par de manos no son suficientes frente a lo inexplorado. El reto de la incertidumbre exige, a su vez, un equipo con apetito al riesgo. Un grupo diverso e inspirado por las dudas, dispuesto a formularse preguntas antes que respuestas y que disfrute la adrenalina del descubrimiento. Gente inconforme, dispuesta a llevar la contraria con argumentos pero que sepa reconocer cuando otros tienen la razón. Una combinación delicada de provocadores con conciliadores y de inspiradores con pragmáticos.

Líderes y organizaciones tienen hoy la ineludible responsabilidad de construir certezas. Son los espacios de certeza en medio de la incertidumbre los que hacen más vivible la realidad compleja derivada del caos.

Si algo sabemos es que en tiempos adversos la gente sigue no sólo a quien proyecta una esperanza de futuro, sino al que es capaz de transmitir certezas y gerenciar la incertidumbre.

Es una reflexión necesaria ante el futuro complejo que se acelera.

Los actores detrás de estas amenazas líquidas son muy variados y usualmente no se revelan con facilidad, al contrario, se infiltran u ocultan tras la cotidianidad, la institucionalidad e inclusive detrás de la verdad. Por paradójico que parezca, hoy, en tiempos de ultratecnología e hiperconectividad, las amenazas son más anónimas, ubicuas e impredecibles de lo que nunca fueron. Y lo son, precisamente, por el poder y habilidad que poseen sus agentes en el manejo de las ventajas que ofrece la sociedad del conocimiento y la información.

CAPÍTULO 7

Caminar sobre la cuerda floja de la complejidad

Cuanto más veo, menos sé con certeza.

-John Lennon

Si los riesgos líquidos fueran una tela, sus hilos serían la complejidad.

Los sistemas complejos se componen de multiplicidad de variables actuando simultáneamente y entretejiéndose en una dinámica permanente. A esto se le agrega el hecho que tales variables no se anulan unas a otras, en algunos casos, se potencian o se complementan. Estas variables o fuerzas no necesitan ponerse de acuerdo para intervenir en la realidad, cada una actúa en función de sus propios intereses y motivaciones.

En la complejidad, las partes que integran el sistema operan con información local. Esto se traduce en que cada uno toma decisiones desde sus creencias, posiciones, historia y recursos, sin que medien acuerdos generales. Es un poco como las neuronas en el cerebro humano que individualmente hacen su trabajo, pero entre todas construyen la conciencia.

Las realidades complejas usualmente retan a la lógica convencional. En tiempos turbulentos, las relaciones causa-efecto dejan de ser directas o lineales, por eso es difícil encajar ideas y razonamientos del pasado para hacerlos cuadrar con nuestra limitada capacidad de comprensión del entorno líquido. El mundo que nos rodea, al ser complejo, no admite que lo desmontemos con el propósito de simplificarlo y abordarlo por partes. Al hacerlo, lo modificamos, lo que lleva a falsear el análisis y a llegar a conclusiones erróneas. Es, en un sentido, la paradoja relativista del observador que al observar modifica lo observado.

Es así porque en la complejidad los elementos se arreglan para operar bajo ciertos parámetros de autoorganización y con propiedades emergentes (nuevas capacidades que surgen espontáneamente para adaptarse a los cambios del entorno). Más claramente, es un entramado de variables cuya acción conjunta es mucho mayor que la suma de sus partes, aunque entre ellas no medien acuerdos previos.

Un sistema con propiedades emergentes está en movimiento constante, no se autolimita, pues de hacerlo se debilitaría, ya que tiene que construir sobre la marcha posibilidades para sobrevivir, adaptarse o avanzar, por tanto, no puede ser cerrado. Al contrario, está abierto a su entorno y es extremadamente sensible a los cambios en el ambiente que lo rodea.

En los entornos complejos las estrategias rígidas o diseñadas con pocos márgenes de flexibilidad usualmente fallan. En estas realidades líquidas conviven demasiadas fuerzas desestabilizantes, de las cuales emergen nuevas dificultades, pero también nuevas posibilidades.

Sólo en entornos con bajos niveles de incertidumbre es posible extrapolar o proyectar una realidad determinada. En el mundo de los riesgos líquidos si acaso podremos pronosticar con bajas probabilidades el futuro cercano. No vivimos en la linealidad ni en la proporcionalidad, pequeños cambios pueden producir consecuencias inimaginables.

Esto es así porque la complejidad está en desequilibrio continuo, y lo que está desequilibrado produce gradientes que llevan a que todo se mueva para intentar estabilizarse, pero como son tantas y tan variadas las fuerzas presentes, el sistema nunca llega a una posición de reposo. De aquí, la reflexión de Bauman:

"Lo que antes era un proyecto para toda la vida hoy se ha convertido en un atributo del momento. Una vez diseñado, el futuro ya no es para siempre, sino que necesita ser montado y desmontado continuamente. Cada una de estas dos operaciones, aparentemente contradictorias, tiene una importancia equiparable y tiende a ser absorbente por igual." [29]

Los sistemas complejos están muy vinculados a su historia y, hasta cierto punto, los determinan. Esto significa que la realidad no ocurre por el azar del momento, sino que tiene en consideración el pasado. Como todo fluye aceleradamente, la historia también se acelera, llenándose de una secuencia de realidades que, aunque parezcan incomprensibles no son discontinuas o caóticas.

El problema es que los riesgos líquidos se forman en la complejidad y son la consecuencia del aceleracionismo en el que estamos inmersos, por lo que no existe manera de evitarlos, pero sí de gerenciarlos de alguna manera, y para hacerlo es indispensable entender la complejidad.

Aquellos que hoy tenemos responsabilidades de dirección en seguridad debemos "abrazar" la complejidad, e integrar a nuestro portafolio de competencias clave la capacidad de analizarla, no hacerlo implica seguir viendo un mundo cerrado y estático, equivalente a tratar de entender la realidad viendo apenas un fotograma de una película que se proyecta multidimensionalmente y de forma acelerada.

A manera de resumen pudiéramos decir que el reto de entender la complejidad está vinculado entonces a siete propiedades:

1. Son sistemas abiertos, en los que no resulta sencillo definir cuales elementos forman parte directa del sistema y cuales están en el entorno, dependiendo de sus dinámicas, en ocasiones, los sistemas integran temporalmente partes que no les son propias.

Por ello, en los riesgos líquidos es difícil clasificarlos en una única categoría, al ser abiertos, se solapan unos a otros y forman nuevos riesgos.

2. La complejidad se desenvuelve en un espacio de relaciones no lineales. Esto se traduce en que las conexiones entre causas y consecuencias no son obvias, proporcionales directas o inversas. Grandes fenómenos pudieran no afectar al sistema, mientras que variaciones imperceptibles pueden transformarlo totalmente. De allí, la dificultad en el análisis de impacto en los riesgos líquidos. Pero la no linealidad tiene un componente adicional, y es que, dada la altísima sensibilidad del sistema, no es posible descartar fuerzas por muy pequeñas que sean.

3. Las realidades complejas tienen muy baja predictibilidad porque, en ellas ocurren tal cantidad de interacciones, muchas imperceptibles a nivel micro y que al combinarse aceleradamente se potencian, generando cambios inesperados. A estos cambios repentinos se les conoce como fenómenos emergentes. En el análisis de riesgos todo aquello que es emergente es desconocido, por tanto, difícil de estimar sus consecuencias.

4. Los sistemas complejos tienen la propiedad de autoorganizarse. Esta característica les otorga la capacidad de sustentarse por sí mismos, aunque sus partes no estén del todo alineadas o de acuerdo. La autoorganización ocurre porque cada elemento se beneficia cuando el sistema como un todo ejerce su propósito exitosamente. Una manera de verlo es que en la complejidad no es necesario que haya una autoridad que le diga a otros qué hacer, sino que, teniendo claro el propósito, cada uno aporta individualmente y potencia el objetivo común. Visto desde los riesgos líquidos, la autoorganización es una propiedad muy bien explotada por los generadores de amenazas. Entre estos actores existe el propósito común de maximizar sus ganancias

(y objetivos) con la menor exposición posible, de allí que en el mundo líquido las amenazas se hagan anónimas y difícilmente sean trazables.

5. Los sistemas complejos son adaptables, lo que les permite superar las adversidades del entorno. La adaptabilidad es una de sus propiedades más fáciles de reconocer en estos sistemas, aunque no toda complejidad es igualmente adaptable, aquellos sistemas complejos que conforman el mundo líquido lo son. La capacidad adaptativa es lo que les permite cambiar de forma y modificar su funcionalidad sin perder el foco en su propósito. De allí que los riesgos líquidos sean una expresión de los entornos complejos, ya que, así como la realidad se desdibuja y se hace menos predecible, los riesgos que la habitan asimilan propiedades similares, haciéndose más difíciles de identificar y, por tanto, de mitigar.

6. La complejidad lleva implícita su dificultad para ser explicada o reducida a conceptos sencillos. Los sistemas complejos, por tanto, sólo pueden ser abordados desde una multiplicidad de perspectivas legítimas a fin de poderlos definir en todas sus dimensiones. Es por este atributo que lo complejo se resiste a ser acomodado a conceptos del mundo sólido y lineal.

7. Los sistemas complejos no pueden ser reducidos a escalas más simples. Esta propiedad fractal de la complejidad se traduce en que sin importar la dimensión o parte del sistema que estudiemos, este siempre va a ser complejo.

Las migraciones en masa

Una manera de comenzar a entender la complejidad es observar y analizar algunos fenómenos del mundo líquido en el que vivimos. Un ejemplo dramático y muy real es el de las migraciones masivas forzadas por conflictos armados, deterioro de las economías en los países o por razones de orden político.

En tiempos recientes me ha tocado de cerca estudiar y comprender la complejidad de las migraciones de millones de venezolanos que dejan su país.

De acuerdo con la Plataforma Regional de Coordinación Interagencial para Refugiados y Migrantes de Venezuela (Plataforma R4V), liderada por el ACNUR y la OIM, al 5 de julio de 2021 se registraban 5.649.714 ciudadanos venezolanos refugiados y migrantes en el mundo. Las migraciones en masa desde Venezuela comenzaron en 2015 y a la fecha del registro, el 18% de la población ha salido del país [30]. Se trata del movimiento migratorio más grande registrado en el continente americano y el segundo más numeroso luego del producido por la guerra en Siria. Para entender las dimensiones de la emigración venezolana, bastaría con decir que en proporción equivaldría en los Estados Unidos a toda la población de California y Florida.

Pero la complejidad del fenómeno migratorio venezolano no solo proviene de la cantidad de personas que salen por las fronteras, la mayoría de ellos hacia Colombia. El efecto se potencia cuando se valora que detrás de cada migrante queda una realidad familiar en la que se genera un vacío imposible de llenar y, al mismo tiempo, se produce presión social y económica sobre los países receptores de la migración. Estos elementos tienen efectos no lineales, tanto en Venezuela como en los Estados que reciben a los migrantes.

El hecho de que un miembro productivo de un hogar deje de aportar recursos a la familia mientras, en medio de la incertidumbre, logra generar dinero para enviar como remesa, produce un deterioro inmediato en las condiciones de vida de su entorno, además de los efectos emocionales y psicológicos que se activan con la ausencia de los seres queridos.

En paralelo, la mayoría de los países que reciben la migración ya viven en el borde de las demandas ciudadanas, por lo que no están preparados para absorber masas de población que necesitan atención, creándose así severas crisis de servicios, manifestaciones de xenofobia y otros desórdenes sociales usualmente desproporcionados en comparación con la cantidad de migrantes.

Un componente adicional de la complejidad en el caso de la migración venezolana es que, de alguna manera, los movimientos migratorios por acción u omisión son provocados. El deterioro de las condiciones de vida dentro del país es consecuencia de la destrucción institucional, la represión y control social, todos factores que cambian la relación de incentivos de la población, que prefiere arriesgarse a salir en busca de mejorar su situación y la de su familia, antes que permanecer en la incertidumbre y el deterioro acelerado de su entorno.

El venezolano común no necesita hacer una evaluación exhaustiva o construir grandes consensos para migrar, cada uno actúa con información local, desde su circunstancia, visión e intereses, pero que convergen en la decisión general de millones de personas de salir por las fronteras. Una característica de los fenómenos que crea la complejidad es la capacidad de autoorganización entre los muchos elementos del sistema con el propósito de hacerse sustentable. Es decir, surgen (emergen) una cantidad de actividades, fuerzas y tendencias, tanto lícitas como ilícitas que hacen la migración además de viable, un gran negocio.

Entre los fenómenos emergentes están muchas iniciativas, motivaciones de particulares y organizaciones para apoyar a los migrantes, las ONGs de defensa de los derechos del migrante, las ayudas humanitarias, los acuerdos de regularización de estatus migratorios, pero también aparece el tráfico humano y de drogas, la explotación sexual, el trabajo infantil y otras formas de esclavitud.

En este espectro amplio de fenómenos emerge uno de los riesgos líquidos más difíciles de entender: la utilización de las migraciones en masa como arma de las nuevas guerras.

En 2018, se alcanzó un número récord de 400 mil personas capturadas intentando ingresar ilegalmente a los Estados Unidos. En octubre de ese año, llegaba a la frontera sur de México una caravana de siete mil migrantes provenientes en su mayoría de Honduras, El Salvador y Guatemala. Se trataba, hasta la fecha, del grupo organizado más grande jamás visto, con intenciones expresas de llegar e ingresar al país norteamericano [31].

En investigaciones de Inteligencia realizadas en Guatemala se evidenció que esta caravana había sido financiada con dinero en efectivo aportado desde Venezuela y tenía como fin generar desestabilización y caos en los Estados Unidos. La caravana, además, se constituía a sí misma como una forma de protesta por las políticas migratorias y los cambios en las leyes de asilo impuestos por Donald Trump.

Más recientemente y como una forma de delincuencia organizada, mafias de tráfico humano en complicidad con funcionarios del Servicio de Identificación y Extranjería de Venezuela han establecido redes para enviar en vuelos desde Venezuela hasta México a migrantes dispuestos a atravesar la frontera a los Estados Unidos y acogerse a las políticas de asilo o protección temporal.

Los movimientos migratorios como ejemplo de complejidad sirven bien para entender los desequilibrios entre fronteras, más aún cuando existe tal desnivel en la calidad de vida entre ambos lados de una franja, lo que marca el gradiente de presión entre un lado y otro y lo que estimula el indetenible flujo de personas que por cualquier medio intentan salir de Venezuela.

Las migraciones en masa, además de intrínsecamente complejas, son ahora armas de acción política de las nuevas guerras.

En noviembre de 2021, Elizabeth Braw, miembro senior especializada en defensa de zonas grises del American Enterprise Institute —un tanque de pensamiento orientado a la libertad de las empresas— escribió en relación con las migraciones como armas de guerra:

"Aquí es donde el siniestro juego de Lukashenko se vuelve aún más inteligente. El gobernante bielorruso sabe que la inmigración es un tema muy divisivo dentro de la Unión Europea e individualmente entre sus Estados miembros. La estrategia de Polonia de devolver a los inmigrantes a Bielorrusia ya ha provocado una ruptura con Bruselas y, por lo tanto, ha empeorado las ya tensas relaciones de Polonia con la sede de la UE. De hecho, Lukashenko sabía que era poco probable que los migrantes forzados por su régimen a irse a Letonia, Lituania y Polonia permanecieran allí. En septiembre y octubre, la policía alemana registró a 7.300 inmigrantes que llegaban a Alemania a través de Polonia y Bielorrusia. Esta repentina afluencia de migrantes, a su vez, ha provocado que activistas alemanes de extrema derecha viajen a la frontera para tratar de mantenerlos alejados." [32]

El fenómeno complejo de las migraciones en masa ahora se globaliza y no es casual que ataque en simultáneo a Colombia, Estados Unidos o Polonia. Es un riesgo líquido que se planifica, tanto desde países con regímenes dictatoriales, como de naciones con tradición democrática, y llevan como propósito desestabilizar y reblandecer la legitimidad de repúblicas con visiones soberanistas de sus democracias.

CAPÍTULO 8

Hansel y Gretel con algoritmos

La complejidad es gratis.

-Thomas Friedman

Edgar Morin en su obra Introducción al Pensamiento Complejo [33] señala que las amenazas más graves que enfrenta la humanidad están ligadas al progreso ciego y descontrolado del conocimiento.

No tanto porque no exista conciencia sobre el avance de la ciencia o la tecnología, sino por la forma "mutilante" con la que se organiza el conocimiento, incapaz de reconocer y englobar la complejidad de lo real.

Hoy queda claro que el problema tampoco es la disponibilidad ni el rápido acceso a los datos. La física de los semiconductores ha hecho que los costos de guardar información tiendan a cero, mientras que la velocidad de los microprocesadores se incrementa a un ritmo geométrico.

Morin se refiere más bien a la selección y jerarquización de datos que se consideran significativos sobre otros que se asumen como secundarios, dejando por fuera grandes cantidades de información no interpretada y por tanto desechada o suspendida esperando una búsqueda bajo otros criterios.

Otro aspecto clave es el sesgo de validación científica que se le pretende dar a la información. Durante la pandemia se hizo común la descalificación *a priori* de cifras, medicamentos y orígenes del virus que, por no estar avaladas por una élite, se censuraba o cancelaba en los grandes medios de comunicación o en las redes sociales, para luego reaparecer como datos "certificados" por las mismas élites, cuando se comprobaba su veracidad, efectividad o servía a una narrativa particular. Esto ocurrió cuando las autoridades chinas insistieron en que no había evidencia de transmisión del virus entre humanos y, en otras situaciones, tales como el uso de tapabocas, la hidroxicloroquina como tratamiento, la aplicación de dosis booster de vacunas o las cifras para alcanzar la mencionada inmunidad de rebaño.

La validación científica, si bien necesaria, se convierte en un riesgo líquido cuando está mediada por agendas políticas o económicas o responde a intereses del poder.

Lo que resulta relevante es que frente a esta "explosión" en las capacidades de procesamiento y almacenamiento, los algoritmos cada vez más sofisticados de la Inteligencia Artificial y el *Deep Learning* han comenzado a descubrir infinitas correlaciones en datos que hasta hace muy poco sucumbían en el olvido.

Vale decir, sin embargo, que todo este poder es insuficiente si se carece de una habilidad adicional: la comprensión y síntesis que contengan algún significado para interpretar a esa misma realidad. Todavía la tesis de Morin sigue vigente, la aceleración de lo complejo se incrementa y la brecha entre el entendimiento humano y la realidad de "verdad" se ensancha.

Es una expansión sin precedentes en la historia y pareciera que progresivamente lo va cubriendo todo. Son tantas las opciones que se abren con cada nuevo impulso tecnológico, que no existe manera de contener o clasificar la cantidad de información con el mismo ritmo que se genera. Tal diversidad está produciendo una tendencia en el mundo interconectado, se trata de burbujas de información en las que conviven sólo fanáticos del conocimiento altamente especializado.

Suponga que usted es aficionado a las cámaras fotográficas de los años 60s del siglo XX, puede conseguir en una búsqueda simple en la web alrededor de 38 millones de enlaces y cientos de miles de personas con sus mismos gustos casi en cualquier lugar del mundo, quienes tienen foros, ventas en línea y cursos de fotografía las 24 horas del día. Entre todos han construido una comunidad más grande y activa que muchos países, en la que interactúan en ciclos de realimentación permanente, lo que los hace más especializados aún. Las curvas de aprendizaje se han hecho más cortas y empinadas debido a este tipo de dinámicas aceleradas de la información y el conocimiento.

De hecho, existen inclusive, cámaras fotográficas de culto proveniente de la década de los 60, tal como la Nikon F, la Leica M4 o la Kodak Instamatic 100. Esta última, introducida al mercado en 1963, fue precursora de la masificación de la fotografía por lo sencillo de su operación. Los investigadores de marketing de Kodak ya identificaban la necesidad de una cámara que capturase aquellos instantes fugaces de la forma más rápida y barata posible.

Lo que resulta crítico es que no todas las comunidades virtuales en la web dedican miles de horas a la exploración sana o al hobby, el problema surge cuando comunidades similares se constituyen alrededor de la innovación en el terrorismo, la explotación sexual de niños o el desarrollo de drogas sintéticas. No podemos obviar que las tecnologías son habilitadoras de los potenciales del individuo y si no se establecen reglas y controles terminarán consiguiendo terrenos fértiles y lucrativos en las redes oscuras del delito. Si bien esto no es nuevo ni debe extrañarnos, lo que sí constituye un riesgo es la aceleración de la brecha entre las capacidades que tienen las redes criminales para crear zonas grises y así producir daño, y la respuesta de las fuerzas institucionales y judiciales para neutralizarlas.

Las ventajas tecnológicas no solo potencian a delincuentes que operan aislados detrás de barreras informáticas que los invisibilizan. También regímenes autoritarios se aprovechan de múltiples herramientas para escuchar e intervenir comunicaciones, producir noticias falsas con alto poder de difusión y realizar bloqueos selectivos de internet para la censura de medios críticos a las acciones de estos gobiernos.

El poder de estas nuevas amenazas ya no sólo está en el anonimato. Sus capacidades se han expandido en las mismas proporciones que la tecnología y, además, cuentan con algunas ventajas adicionales como el uso común de criptomonedas para el financiamiento y globalización de sus actividades.

Vemos que en el mismo gran mercado de la complejidad acelerada por la tecnología se abastecen toda clase de amenazas, sin mayores distinciones entre lo que representa un beneficio o un peligro. Esta licuefacción de los límites es, en sí misma, la caracterización del riesgo líquido. Se trata de una realidad construida sobre la adicción al cambio, difícil de definir o contener, pero de efectos devastadores.

En enero de 2018, Google reconoció que en sus algoritmos podían surgir tendencias basadas en las formas de búsqueda [34]. Si bien advirtieron que no pretendían ser árbitros de la verdad, más aún en temas polémicos como el cambio climático, indicaron en ese momento que estaban trabajando para presentar información balanceada. Todo esto surge porque en 2017, luego de la elección de Donald Trump, reapareció el término Filtro de Burbuja, acuñado por Eli Pariser en su libro de 2011, *The Filter Bubble* [35] en el cual se describe cómo los algoritmos de búsqueda se basan en las búsquedas previas del usuario, así como en preferencias que las personas van dejando en su navegación online para crear perfiles y así ir formando, con muchos otros perfiles afines, grandes burbujas de información.

Esta tesis de Pariser ha sido discutida, apoyada o rebatida por expertos y analistas de datos, pero lo cierto es que las burbujas existen y se ha demostrado que polarizan frente a otras, sobre todo en temas políticos. El riesgo líquido no es solo el sesgo en el conocimiento que puede surgir, sino la manipulación a través de información falsa, la explotación de ciertas debilidades asociadas a perfiles determinados con fines de marketing y el control social a través de cierto tipo de información curada para públicos específicos.

Como usualmente ocurre en el mundo líquido, las relaciones de causa-efecto no son lineales y, por tanto, surgen paradojas. En este caso, la aceleración tecnológica ha derribado las fronteras en la conectividad de los individuos borrando las restricciones del espacio-tiempo, pero en simultáneo ha creado burbujas de conocimiento que mantienen a la gente enganchada en sus propios silos informativos y aislada de otras realidades e intereses.

Volviendo a Edgar Morin, esta necesidad reduccionista de fragmentar el conocimiento para supuestamente entender mejor no conduce a un análisis verdadero, ya que hemos llegado a un punto donde la complejidad está igualmente presente en el fragmento porque no es un problema de escalas [36].

Entonces, para abordar el mundo líquido y los riesgos inherentes a él, la primera tarea es, según Morin, contextualizar. Las cosas solo tienen sentido si se ven en su contexto; como una palabra en una oración o una acción humana dentro de una cultura humana. Al mirar a los humanos en nuestro mundo, se observa tanto unidad como diversidad, una sorprendente unidad genética, fisiológica y emocional: todos sonreímos y lloramos, experimentamos dolor y alegría, pero esta similitud se traduce en una gran diversidad de culturas y comportamientos [37].

En el marco del mundo globalizado, Morin propone que *"tenemos que reconocer a los demás como diferentes e iguales a nosotros. Si vemos a los demás como completamente diferentes, no podremos entenderlos. Si los vemos como completamente iguales, no podremos ver qué los hace originales y diferentes"*.

Como ya es común en la complejidad, se trata de una nueva paradoja que da la pista para aproximarnos a los riesgos líquidos a través de referencias más flexibles y desde sus propios contextos, y no aislados de la realidad o con prejuicios de diferenciación o igualdad.

Son tiempos globalizados en los que la complejidad y la aceleración tecnológica ya no tienen escala porque no pueden ser medidos.

La vitrina digital

El tamaño de la red digital en la que hoy estamos inmersos es virtualmente infinito. En este instante existen cientos de millones de teléfonos móviles, computadores, tabletas y hasta refrigeradores conectados entre sí, produciendo y recibiendo datos de la más variada naturaleza y generando información que a su vez realimenta y hace más "inteligente" al mundo. Diríamos que es una red de un nivel de complejidad incalculable.

Por cada segundo que pasamos conectados a esta madeja con millardos de nodos, nuestras ideas, datos, transacciones y decisiones quedan registradas para siempre, eliminando prácticamente toda privacidad. No existe, por tanto, manera de vivir en este planeta sin que estemos bajo el potencial escrutinio de quien quiera seguir nuestros pasos. No quedan dudas entonces, que el anonimato se está convirtiendo para muchos en un activo altamente valorado.

La vida bajo este nivel de exposición no resulta tan fácil. La posibilidad cierta de rastrear al detalle nuestros movimientos hace sentir incómodos a muchos. Es una especie de ventana abierta a la calle que no controlamos y a la que además damos derecho a terceros de mirar con detenimiento al interior.

A manera de muestra, basta con revisar los contratos de uso de algunas aplicaciones "gratuitas". Estas registran y transmiten información sobre lugares, compras y hasta de los signos vitales de quienes las utilizan, con el propósito de alimentar sistemas de información que terminan por saber más de nosotros de lo que imaginamos. Sólo por curiosidad revisen los datos que produce un *smartwatch* y entenderá toda la privacidad que estamos compartiendo.

El precio que pagamos por formar parte de esta comunidad digital global es la cantidad de datos que cedemos. No tener plena conciencia de ello nos hace en extremo vulnerables, y la seguridad pareciera aún no reconocer que esta nueva y compleja realidad le impone un reto de proporciones no estimadas hasta hoy. Porque no los conocemos, no resulta sencillo determinar la magnitud de los riesgos que se esconden detrás del Big Data y menos aún, las implicaciones derivadas de su análisis. A esto se le agrega el hecho que para entender la naturaleza de tales riesgos se requiere un concimiento tan especializado que muy pocos tendran la capacidad de desmontar las amenazas ocultas.

La velocidad de expansión de las capacidades en los sistemas de información basados en correlación de datos es asombrosa. Materialmente no tenemos filtros para protegernos de los algoritmos que nos modelan, pronosticando tendencias de consumo, sitios de viaje, tiempo que pasamos utilizando el móvil y las horas en las que nos trasladamos. Somos un libro abierto para estas mega mentes de la Inteligencia Artificial.

Por otro lado, es tan atractiva y fácil de consumir la oferta que se nos presenta para que seamos adictos a ceder datos, que casi siempre sucumbimos a la tentación. Queremos el móvil y el reloj más *smart* y soñamos con un vehículo eléctrico para que nos lleve en *autopilot* con el mínimo esfuerzo de un sitio a otro.

Los humanos tendemos a ser subjetivos en la estimación de riesgos cuando estamos compenetrados con el entorno o creemos conocerlo bien. De allí que la sobre dependencia que tenemos del mundo digital limite nuestras capacidades de calibrar la magnitud y potencia de las amenazas.

La libertad que otorga lo digital es tan poderosa que puede embelesar fácilmente a quienes viven hiperconectados en sus múltiples dimensiones, lo que reduce a su vez los niveles de defensa frente a sus riesgos.

Por lo pronto, y hasta que no desarrollemos suficientes defensas, la recomendación es hacernos conscientes de que vivimos en una vitrina digital y, como Hansel y Gretel, vamos dejando huellas por dondequiera que pasamos.

En los entornos complejos las estrategias rígidas o diseñadas con pocos márgenes de flexibilidad usualmente fallan. En estas realidades líquidas conviven demasiadas fuerzas desestabilizantes, de las cuales emergen nuevas dificultades, pero también nuevas posibilidades.

CAPÍTULO 9

Multiplexados en una playa nudista

Toda idea, extendida hasta el infinito,
se convierte en su propio opuesto.

-Georg Wilhelm Friedrich Hegel

Ante tantos y tan acelerados cambios en el ritmo de vida actual y la subsecuente incertidumbre que los acompaña como una sombra, resulta pertinente preguntarnos si nos estamos preparando para los riesgos líquidos del presente y el futuro. Y cuando me refiero al futuro, no me imagino un mundo lejano en el tiempo, sino más bien lo que nos estará pasando en muy corto plazo y que estamos obligados a entender, si pretendemos tan siquiera abordarlo con algún nivel de éxito.

Pronosticar es uno de los retos más difíciles para un profesional, pues siempre corre el riesgo de equivocarse. En los tiempos que vivimos, sin embargo, es imprescindible dibujar, así sea con líneas gruesas y asignando algún valor de probabilidad, los posibles escenarios del mañana. Sin ellos, se navega a ciegas en medio del océano del cambio sucesivo. No podemos, por tanto, abordar el futuro pensando que mañana será igual a hoy. La —para muchos— inesperada llegada del COVID-19 es sólo una demostración.

Podríamos realizar un ejercicio de pronóstico a manera de reflexión, un tanto filosófica, entendiendo que algunas tendencias del presente van a definir el porvenir inmediato y de lo que, sin duda, nos tendremos que ocupar quienes vivimos tratando de construir organizaciones y comunidades más seguras.

Es bueno advertir que apenas comenzamos a rozar la superficie en el proceso de cambios acelerados, las respuestas van a llegar un poco más tarde que los problemas. Sin embargo, una mirada más analítica es indispensable para apreciar si dentro de la incertidumbre actual aparece algún patrón, y a qué fuerzas responde, o si, por el contrario, estamos frente a una sucesión de eventos caóticos e inconexos entre sí.

En tal sentido, comencemos por caracterizar la realidad de hoy; allí observamos que con el aceleracionismo de la tecnología se rompe la barrera entre lo virtual y lo real, lo que nos libera de las restricciones de lo físico. Los individuos son ahora seres *multiplexados*, es decir, viven en un mundo —líquido— de posibilidades infinitas, como lo ire explicando en los párrafos siguientes.

La multiplexación es un término prestado de la electrónica. Se trata de utilizar un sólo canal o medio para enviar de manera simultánea múltiples señales. Esto es posible porque mediante la multiplexación se pueden segmentar las señales en el tiempo y hacerlas pasar en pequeños paquetes a alta velocidad a través de un mismo medio y luego recuperarlas y restaurarlas en el lugar de destino.

Algo parecido hacen los seres multiplexados; fragmentan su tiempo en pequeños paquetes y se dedican en simultáneo a atender la fusión de lo real y virtual en un frenesí acelerado de prestarle atención a todo y a nada al mismo tiempo. Multiplexarse es la única manera de vibrar a la misma frecuencia del mundo líquido.

Si antes existían ocho o diez carreras universitarias, ahora hay múltiples rutas para configurar al profesional que se quiere ser. Si en el pasado el tiempo de vida sólo permitía tener un número limitado de amigos y relacionados, con las redes sociales se pueden tener miles o hasta millones de seguidores. Donde había un canal de televisión con un único contenido, ahora existe una puerta para infinitos canales con amplio espectro de temáticas. Esto ha llegado a un extremo tal, que hasta puedes elegir entre una diversidad de géneros sexuales, sin estar constreñido a ser simplemente hombre o mujer.

Los seres multiplexados, si bien llevan consigo un sinfín de posibilidades, igualmente son portadores de cantidad de vulnerabilidades y para cada una pueden existir innumerables actores dispuestos a explotar los flancos expuestos. Visto de otro modo, el mundo de las posibilidades infinitas, si nos descuidamos, puede transformarse en el de los riesgos infinitos.

Los multiplexados se desplazan entre lo físico y virtual sin detenerse en sus fronteras porque le son indiferentes. Sus mentes ya han integrado la transición entre ambos mundos lo que les permite moverse sin dificultad entre ellos, es de alguna manera, un universo con nuevas referencias de espacio-tiempo. Son individuos globales que están en todas partes y no están en ninguna, y aunque no pretenden desprenderse de la dimensión física que los ata a lo local, ya no pertenecen a un país, sino que son de un mundo de sitios infinitos. Esta facilidad de lo ubicuo, sin embargo, lleva igualmente consigo un riesgo omnipresente.

Aquello que nos da la máxima libertad de movimiento es también el más sofisticado sistema de observación y control a distancia. Las posibilidades infinitas existen porque la tecnología, cada vez más poderosa, portátil y fácil lo permite. Tenemos un móvil que nunca está a más de un metro de distancia de nuestros cuerpos y permanece conectado a una red planetaria marcando nuestra posición geográfica, registrando las comunicaciones y almacenando prácticamente todas nuestras actividades, desde cuántos pasos damos hasta las horas de sueño diario. Y, por si fuera poco, nos conectamos a las redes sociales y compartimos pensamientos, ideas, proyectos, opiniones, estados de ánimo y, además, transmitimos *live* sobre lo que sucede en nuestro entorno.

En el mundo de las posibilidades infinitas vivir al descubierto ya no se considera una amenaza (aunque lo es) y más bien se transforma en una peligrosa tentación. Las redes sociales son para el individuo el medio de reconocimiento y validación de su existencia. Registrarlo todo y colgarlo online se ha convertido en el antídoto y profiláctico de la exclusión. Ya los límites entre lo público y lo privado se han diluido de tal manera, que prácticamente no se requiere esfuerzo alguno para ver la vida de otros. Es la dimensión donde las paredes divisorias son traslúcidas y la gente disfruta exhibiéndose. Una dimensión distinta e introspectiva de la vitrina digital.

Paradójicamente, el sinfín de opciones que borra lo público de lo privado, construye infinitas oportunidades de anonimato. La cultura del avatar multiplexa al individuo, lo transforma en cualquier cosa que desee, lo eleva a la enésima potencia de lo real y lo virtual. Curiosamente, al borrarse la frontera con lo privado, el espacio público se hace infinito y todos se sienten con el derecho de opinar y decidir sobre todos. La ultra exposición minimiza el paradigma de lo reputacional. Todo puede llevarse al máximo escrutinio de lo público y nadie queda exento de la crítica y el cuestionamiento. Las redes sociales son, a estos efectos, el registro indeleble de lo comunal.

¿Podemos entonces aspirar a la seguridad en el mundo de las posibilidades infinitas?

Habría que comenzar diciendo que la vida multiplexada no es antagónica a la seguridad, aunque la decisión de vivir al descampado es *per se* una gran vulnerabilidad, todo dependerá de la forma de hacerlo y de quienes te acompañen. Se parece un poco a la experiencia de ir a una playa nudista; allí, es normal exhibirse y, como todos están igual de expuestos, en apariencia se desvanece el riesgo de la desnudez, aunque la amenaza siga allí presente, vale la pena la recompensa.

El asunto aquí es que para ser un multiplexado viviendo en el mundo de las posibilidades infinitas debe asumirse el riesgo asociado de la desnudez digital, pues la alternativa (para algunos) sería la insoportable realidad parroquial y constreñida en las tres dimensiones de lo físico.

Esta práctica de bajar los costos al riesgo por la masificación de las vulnerabilidades es similar a la legalización de las drogas, en la cual, falsamente se cree que por el hecho de regular su venta, deja de ser peligrosa y de efectos perjudiciales para la salud de quién la consume. Al final, toda responsabilidad se transfiere al individuo que, tentado por las posibilidades infinitas, pudiera sentirse invulnerable, perdiendo así su conciencia frente al riesgo, devorado por la ya mencionada ultra exposición tanto en lo real como en lo virtual.

El gran reto de la protección trasciende, por tanto, el mero plano de lo físico, en el que se administran sistemas electrónicos o se supervisa al personal de protección. Su función tendrá que apuntar al primero de los mandamientos de la seguridad: crear conciencia del riesgo.

En un mundo de posibilidades infinitas poblado de seres multiplexados, el profesional de la seguridad no puede permanecer sujeto a su propio espacio, pues está llamado a trascender igualmente, y poder desarrollar una estrategia —multiplexada— de "evangelización" si pretende crear tal consciencia.

La función de la seguridad tendrá que evolucionar desde su discusión centrada en la resiliencia, para convertirse en el propulsor del cambio profundo en el ser humano y en su manera de relacionarse con el mundo que lo rodea. Si en algún momento la seguridad se concibió en un modelo de capas (anillos) de protección, ubicando al individuo como frágil objeto en el centro, ahora el paradigma es totalmente a la inversa:

es el ser humano multiplexado el gran creador de halos de seguridad construidos desde la consciencia individual del riesgo y dirigidos a proteger las múltiples dimensiones en el mundo de las posibilidades infinitas.

Este nuevo modelo no está basado en la mitigación de los riesgos, sino en la minimización de las realidades potencialmente riesgosas. Dicho de manera más sencilla, si el ser humano puede crear un infinito número de espacios (virtuales y reales) entre los que se desplaza sin resistencia, podrá entonces generar ambientes (entornos) de riesgos mínimos, que sólo serán posibles si existe plena consciencia de que se corren en el proceso.

Volviendo a la playa nudista, el que se desnuda en ella se siente en plena libertad pues nada se interpone entre él y el entorno, pero está plenamente consciente que está en su punto de mayor vulnerabilidad y es, precisamente, ese *mindfulness* del riesgo omnipresente lo único que puede protegerlo.

La seguridad del plano físico, atada a lo parroquial, tantas veces asociada al valor de la confianza, está obligada en su evolución a asumir que sólo a través de la consciencia del riesgo puede ofrecer alguna garantía y a su vez, validarse para acceder en el mundo de las posibilidades infinitas.

Esta seguridad con plena consciencia del riesgo es una especie de seguridad para sí misma. Su característica clave será entonces su propia capacidad de auto observación. La seguridad ya no solo sería un proceso que reduce las vulnerabilidades de un objeto o de un entorno, sino que al construir la plena consciencia del riesgo hace al sujeto eje y valorador activo de los peligros que le circundan, permitiéndole decidir con previsibilidad una ruta para desmontarlos, inclusive antes que se hagan evidentes.

No se trata de formar una unidad de pre-crimen, como la imaginada en el filme *Minority Report*, capaz de detener el delito antes que se cometiera. Por lo pronto, apenas llegamos a pronosticar muy torpemente el futuro, aunque tenemos poderosas herramientas de Inteligencia Artificial. En el mundo de las posibilidades infinitas habilitado por la tecnología, la seguridad dependerá cada vez más del buen juicio de los seres multiplexados y globales, pero aún humanos.

Segurización: el final del camino para el espacio público

Existe un fenómeno que comienza a marcar a las sociedades desarrolladas del planeta. Se llama segurización y se trata de la proliferación de espacios privados sobre los espacios públicos, produciendo un efecto de distanciamiento entre los ciudadanos que, llegado un punto límite, termina rompiendo los vínculos sociales entre las personas.

La *segurización*[1] puede parecer contradictoria o inaplicable en Latinoamérica, ya que nuestros códigos de espacio interpersonal son prácticamente inexistentes y en las ciudades vivimos, literalmente, unos sobre otros, pero el fenómeno está más presente de lo que conscientemente tenemos capacidad de apreciar.

La proliferación de grandes espacios comerciales en construcciones cerradas y climatizadas artificialmente, espacios públicos de contemplación que sólo pueden verse, pero no utilizarse. Es el caso de hermosos jardines cuidados al detalle, encapsulados en burbujas de cristal o áreas verdes solo de observación a las que no se les puede tocar. Estamos frente a nuevos modos de distanciamiento, en lugar de la interacción social de los ciudadanos. Esta transformación del espacio

---

1. La seguirzación es un término prestado del inglés que pudiera traducirse como Asegurar, pero en un nivel superior o que va más allá del uso de sistemas de seguridad.

físico en un área de disfrute visual es una arista más de la virtualización de la realidad, en la que lo tangible se vuelve un paisaje.

El distanciamiento a través de la segurización es otra paradoja del mundo líquido. Mientras más conexiones creamos en la virtualidad llegando al punto de ser seres multiplexados, más distanciamos en el espacio físico las relaciones humanas.

El espacio público debería ser también el ágora en el que se fortalece el tejido social y el espacio para el desarrollo de una ciudadanía más alineada con su realidad común. Cuando se limita o se privatiza, su efecto se proyecta a la gente, aislándola aún más de lo que la inseguridad y la pandemia ya lo ha hecho.

Pero la segurización tiene un segundo efecto, completamente líquido, que es el de hacer creer que la seguridad nunca es suficiente, quizás más difícil de observar, aunque de altísimo impacto en las personas. Junto a la privatización del espacio público se genera la sensación de falsa seguridad en el ciudadano, ya que se supone que en espacios controlados o cerrados se puede estar más seguros. Es una especie de agorafobia o ansiedad sobre una inseguridad inexistente, pero inducida por el exacerbado control que las personas ejercen sobre su entorno a través de la hiperconectividad a las redes.

Hoy es común observar que la gente evita ir a sitios en los cuales la potencia o calidad de la señal del teléfono móvil sea escasa o inexistente. Hemos alcanzado un nivel de dependencia (o adicción) tan alto a los sistemas de control, que nos genera pánico estar fuera del área de cobertura.

En realidad, la vía pública es potencialmente más riesgosa, sin embargo, está sometida al control social del ciudadano, que puede detectar, disuadir y hasta detener, en algunos casos la acción delictiva. Por otro lado, la policía en su labor de prevención y custodia de los espacios abiertos está obligada a generar confianza y respeto, lo que no necesariamente ocurre en espacios cerrados protegidos por guardias privados.

Las ciudades son grandes laboratorios sociales que demandan atención permanente para mantener su frágil equilibrio de convivencia. Alterar los espacios públicos o convertir áreas públicas en zonas de mera contemplación, pero sin uso ciudadano puede revertirse en inseguridad.

He visto muchas ciudades hermosas, pero sin gente que las disfrute. Son como vitrinas de exhibición y no espacios de ejercicio ciudadano.

La segurización no es un riesgo líquido vinculado directamente al poder, pero sí a la capacidad de ejercer control social, que en esencia es una manera sofisticada de dominar al otro sin que medie la fuerza, sino algo mucho más potente, la dependencia.

CAPÍTULO 10

Lo productivo ya no es sedentario sino nómada

El atractivo de lo distante y lo difícil es engañoso.
La gran oportunidad se encuentra donde estás.

-John Burroughs

Si algún paradigma había mantenido vigencia, al menos hasta ahora, era suponer que para crecer se necesitaba un entorno estable. Entendíamos que en las realidades inestables, o en desequilibrio, no se podían fundar bases para construir algo sólido o con intenciones de perdurar.

En el mundo líquido, el paradigma —si es que puede llamarse así— es otro. Son precisamente la incertidumbre y la impredecibilidad los soportes para desarrollar nuevos modelos adaptados a la dinámica del crecimiento en medio de la turbulencia.

Empecemos por asimilar que, de cara al futuro, no existen señales que la realidad se esté moviendo hacia terrenos de estabilidad y certeza, por tanto, si para desarrollar nuevos proyectos estamos esperando tiempos más tranquilos es porque aún no hemos comprendido la complejidad en la que estamos inmersos. Aquellos que han internalizado la complejidad de los tiempos llevan una ventaja cada vez más grande sobre quienes siguen esperando terrenos más calmos para avanzar.

Tengo un amigo que es un genio de la matemática, su trabajo se basa en identificar correlaciones entre eventos de la realidad mundial y las variaciones de los cientos de índices bursátiles en los mercados financieros del mundo. Estas correlaciones las codifica en servidores de altísima velocidad que ejecutan algoritmos para comprar y vender en milisegundos acciones, futuros, monedas y cualquier cosa que se cotice en las bolsas. A más variaciones, hacia arriba o hacia abajo, más ganancias se logran. Es un modelo armado sobre la volatilidad acelerada de la realidad y que se alimenta de la incertidumbre.

Desde hace un buen tiempo, los grandes movimientos financieros del mundo líquido ya no dependen de la solidez de los resultados económicos de las empresas, sino de las infinitas posibilidades de la complejidad. En una rueda de prensa en la Eurocopa 2020 (jugada en 2021 tras los efectos de la pandemia), Cristiano Ronaldo, famoso delantero de la selección portuguesa y superestrella del fútbol, apartó dos botellas de Coca Cola que estaban sobre la mesa haciendo un gesto que se interpretó como que había que tomar agua en lugar de gaseosas. Ese mismo día, las acciones de la refresquera cayeron 1,6% en New York, unos cuatro mil millardos de dólares [38].

Es muy posible que la caída en el precio de la acción de la empresa tuviera que ver con el desaire de Ronaldo, en todo caso, la clave está en que en la complejidad es difícil estimar las relaciones de causa y consecuencia y, por tanto, atreverse a pronosticar que un par de botellas de refresco colocadas para hacer marketing puedan terminar teniendo el efecto contrario. Es poco menos que imposible.

En 1983, Michel Foucault escribió el prólogo de Anti-Edipo, Capitalismo y Esquizofrenia, libro que haría aún más famosos a Guilles Deleuze y Félix Guattari [39] y que analiza al hombre como parte de la máquina social y los medios de producción capitalistas. En el texto Foucault delinea el proceso de transformación hacia un mundo que ya no se conforma con la realidad, sino que opta por las posibilidades de la virtualidad. *"Debe preferirse lo múltiple a lo unitario, la diferenciación a la unidad, los arreglos móviles a los sistemas"*. Lo que es productivo ya no es sedentario sino nómada, afirma Foucault.

De alguna manera, lo que plantea Deleuze y Guattari es que sólo conectándose (haciéndose parte) a un flujo es que el individuo puede integrarse de la gran máquina de producción que es el mundo de hoy. Quizás en 1983 aún era difícil entender la dinámica de la globalización potenciada por el desarrollo tecnológico, pero ya la era del microchip avanzaba en sus pasos y comenzaba a acelerarse.

Así como le ocurrió a la Unión Soviética, con el aparato de inteligencia más grande de su época, que no vio venir la transformación hacia el mundo líquido y sus grandes máquinas de producción quedaron desconectadas de la realidad, le puede ocurrir a quien no entienda que una nueva y móvil organización que fluya al ritmo y tempo de los tiempos acelerados será la opción para no sucumbir a la complejidad.

De todo esto cabe la reflexión sobre cuál es el modelo para la seguridad de las organizaciones y hasta de las naciones, cuando además de las amenazas líquidas se tiene un entorno tan volátil y retador.

Ya, cuando me refería a la seguridad en el mundo de las posibilidades infinitas expuse la necesidad de cerrar las brechas en las vulnerabilidades digitales y transformar al individuo en un sujeto a partir del cual se genere seguridad, y no como un objeto sin criterio o consciencia. En este caso, los modelos organizacionales, por muy dinámicos o líquidos que sean, siempre van a requerir algún tipo de estructura para poder operar. El objetivo es optimizar el uso de los recursos en las funciones que agreguen más valor, tanto en la visualización, creación de conciencia, análisis y la prevención, como en la mitigación de riesgos.

Se trata de separar la seguridad en procesos que, por una parte, puedan ser automatizados al máximo y consuman mínimos recursos humanos, y por la otra, permitan determinar y prevenir escenarios de riesgo utilizando capacidades y experiencia de profesionales formados para tales fines.

La automatización llevada al extremo, es en sí otro riesgo líquido, ya que aquello que se automatiza, a la vez se interconecta al mundo de las posibilidades infitas y abre nuevas vulnerabilidades para que ocurran sabotajes, interrupciones y ataques cibernéticos a infraestructuras críticas y servicios.

Hemos llegado al tiempo de las realidades inestables y pareciera que llegaron para instalarse, haciendo de la incertidumbre la constante común. Si bien, a la realidad siempre se le puede sobreponer el infinito de lo posible, en la seguridad nos toca asumir los dos planos: la emergencia del aquí y el ahora, y las oportunidades del cambio incesante.

De la libertad individual al pequeño tirano

No me queda duda que a la complejidad nómada la acompaña otro proceso, quizás más profundo, y señalado por Ulrich Beck en su visión de una Modernidad reflexiva, me refiero a la individualización del ser humano.

Con la llegada de la Modernidad reflexiva han ido surgiendo nuevos modos que han reemplazado a los viejos esquemas del mundo industrializado. Frente a la sociedad de masas se ha impuesto la creciente individualización del ser humano, que ya no requiere ser representado para acceder al poder o no depende de grandes estructuras corporativas para ejercer su profesión u oficio. La globalización y el desarrollo acelerado de las tecnologías de información han hecho del conocimiento un activo público y mucho más valioso que cualquier empresa de cemento y ladrillos.

La gente se ha desprendido de las etiquetas y uniformidades de la masa para convertirse en individuos integrados en un entramado complejo, y tecnológicamente acelerado de flujos y conexiones en los que vive, trabaja y se divierte sin necesidad de mediar con estructuras que limiten sus opciones, como lo hacían en la sociedad industrial. El paradigma de que había que entrar en el sistema para ascender socialmente ha caducado y le ha dado paso al mundo de las posibilidades infinitas.

La dinámica del mundo líquido, acelerada aún más tras la pandemia del COVID-19 trajo consigo un cambio de paradigmas en las formas de vivir y trabajar de la gente. Ante la pérdida masiva de empleos en miles de empresas por la abrupta caída de la economía de algunos sectores y la imposición de medidas restrictivas para la movilidad, la digitalización de los modos de producción experimentó un vertiginoso ascenso cabalgando sobre un proceso que ya venía en desarrollo.

La horizontalización y fragmentación de las organizaciones han otorgado al individuo nuevas posibilidades para ganarse la vida en formatos más libres e independientes. La prueba de esto es la dificultad que gran cantidad de empresas de consumo masivo o servicios han tenido en llenar puestos de trabajo en los niveles más bajos de las cadenas, aunque muchos lo atribuyen a las ayudas económicas otorgadas por los gobiernos a la población, en la realidad la gente ha descubierto que puede trabajar con más libertad y obtener mejores ingresos en comparación con oficios de salario mínimo y exigencias horarias extendidas.

En el proceso de individualización de la sociedad está implícita la libertad. Los hombres y mujeres que integran la sociedad líquida ya no están obligados a formar parte de una estructura jerárquica corporativa o incorporarse a una carrera en la administración pública para escalar posiciones. Ahora, con las posibilidades infinitas de la tecnología, desde un teléfono puedes integrarte (conectarte) a los cientos de redes que permiten competir en un mercado de servicios y productos que fluyen a través de la web.

En el mundo multiplexado y sin fronteras entre lo real y lo virtual opera también la economía digital. Un metaverso de posibilidades infinitas en el que se puede navegar en varios flujos y generar ingresos suficientes para una vida independiente. Esto se traduce en que simultáneamente se puede ser conductor de Uber o Doordash, producir y monetizar contenido en Instagram, crear NFTs, mientras mueves tus ahorros en la bolsa utilizando aplicaciones como Robinhood.

Sin embargo no todo es tan brillante como aparenta ser y la individualización, en lugar de ser equivalente a la libertad, puede terminar convirtiendose en su sucedáneo. Sólo en los países con cierto nivel de desarrollo y libertad es que los nuevos paradigmas de la individualización están creándose y floreciendo, al mismo tiempo, una cantidad muy importante de naciones con regímenes autoritarios sacan provecho de las ventajas de las tecnologías pero para controlar a niveles extremos a su población, y aunque las tendencias de la individualización están presentes, no son para darle libertad al individuo, sino para fragmentar el tejido social de los países y romper las ligas que cohesionan movimientos de reivindicación y cambio en las sociedades.

Como era de suponerse, la respuesta autoritaria de control extremo ante el proceso de individualización de la sociedad no sólo se limita a las grandes estructuras de los Estados. Al ser un modelo en redes es muy fácil que se replique en múltiples direcciones, lo que se transforma en la nueva amenaza líquida de crear pequeños tiranos en organizaciones civiles, en las cuales se imponen y polarizan las posiciones. Es una dinámica común ya no sólo en los partidos políticos, las comunidades vecinales o en gremios profesionales, sino que se extiende a corporaciones, instituciones y a ámbitos culturales y académicos.

La garantía de libertad de asociación, que había sido una fortaleza de las democracias, por su propia naturaleza abierta y horizontal, se ha convertido en su principal vulnerabilidad frente al autoritarismo ejercido por los pequeños tiranos.

El probable antídoto frente a las pequeñas tiranías se basa esencialmente en el fortalecimiento de las culturas e identidades. Dado que la individualización es un proceso indetenible lo importante es que las sociedades y las organizaciones generen sentido de pertenencia entre sus miembros. Es un nuevo equilibrio dinámico en el tejido social. El individuo, en tanto que reflexivo, ya que es la expresión de esta nueva modernidad, ya no tendría que responder a dogmas o ideologías para formar parte de una comunidad, sino que voluntariamente acepta e internaliza propósitos que los hacen converger en un mismo flujo de intereses.

En los arreglos móviles nada permanece en calma por mucho tiempo, el mundo es ahora un torrente de fuerzas y contrafuerzas que no se equilibran jamás. A la individualización y la libertad de producir se contrapone la globalización y la fractalización de las tiranías. Son de alguna manera, la síntesis líquida de los tiempos y que, a pesar de sus antagonismos, ninguna puede paralizar a la otra, sólo compiten para estar adelante.

CAPÍTULO 11

La sangre que alimenta al sistema

En tiempos de engaño universal,
decir la verdad es un acto revolucionario.

-George Orwell

Nunca como hoy eso que llaman *Narrativa* había estado tan presente en el vocabulario de la gente. Ya no son sólo los políticos y los estrategas del marketing quienes blanden sus narrativas como espadas en un combate, el concepto se ha convertido, en sí mismo, en un espacio más del mundo líquido en el cual hoy ya se libran múltiples batallas.

La narrativa, en el contexto líquido, se refiere a un relato persuasivo que tiene como propósito contar una historia de manera conveniente a fines políticos, ideológicos, comerciales u otros. El objetivo es alinear seguidores y hacerlos, de alguna manera, activistas de una causa.

Actualmente, la expansión acelerada de las comunicaciones y el acceso ilimitado a internet han facilitado la tracción para las narrativas que, en sus propias dinámicas, buscan instaurar visiones arregladas de la realidad a través de los grandes outlets de las redes sociales.

Este poder líquido de las narrativas no es nuevo y su origen se remonta a la era de los grandes monopolios de medios de comunicación. Con la llegada de la televisión por cable a principios de los 80, los canales de noticias 24 horas como CNN (1980), Fox (1996), y luego otros, descubrieron que para mantener la atención permanente de los espectadores debían convertir los eventos de la cotidianidad en historias que había que contar, encadenándolas unas a otras y construyendo así, una trama para conducir a la opinión pública según las conveniencias e intereses de la economía, la política o el poder. Muy pronto, los noticieros y las noticias dejaron de ser un catálogo de eventos independientes que se contaban uno tras otro, para convertirse en una colección de historias entrelazadas en secuencia cronológica que debía contarse como una novela por capítulos. Los anclas de la narración de noticias se transformaron en *storytellers*, con grandes habilidades para la entrevista y la investigación, y como era de suponer en este contexto, la política, como materia prima de las noticias, consiguió un espacio estelar.

El binomio política-narrativa es connatural porque se pertenecen una a la otra, lo que resulta de interés es que ahora, la dimensión narrativa es igualmente consustancial a las estrategias, ya sea para que líderes asciendan en las escalas del poder o para fabricar una marca con millones de fanáticos a través de Instagram.

Lo que resulta clave entender es que el espacio narrativo se ha entramado en el mundo de las posibilidades infinitas, lo que está haciendo que en las historias que se cuentan ya importa muy poco si pertenecen o no a la realidad, o si tan siquiera sean veraces. Lo que tiene valor es ser parte de una historia para lograr un fin, y es allí precisamente, donde las narrativas se hacen líquidas, porque los hechos ya no son el eje del relato, desdibujándose de su propia materialidad y haciendose riesgosas.

La narrativa es ahora la sangre que fluye por las redes. Lleva y trae todo en un flujo permanente que mantiene vivo al sistema. Con ella, y a través de ella, se puede intercambiar realidad y posibilidad como en un cuarto de espejos donde, de tanto reflejarse una a otra, se disuelve lo real para reescribirse en lo alternativo, según la conveniencia y en alineación con los intereses del narrador.

Lo que una vez fue sólido y casi inamovible como la verdad, ahora es líquido e impredecible. En esta lógica, sólo podemos aspirar a aproximarnos tangencialmente a los contornos móviles de los hechos, pues ya no sabemos si son materializaciones de la realidad o constructos en la virtualidad.

La fusión de las narrativas con la aceleración de lo complejo ha transformado a la verdad en *quantums* de hechos que, como en la física, solo tienen un valor de probabilidad de que se materialicen en la realidad. Una especie de Principio de Incertidumbre de Heisenberg de la historia, donde nunca hay certeza en simultáneo del plano en que se cuenta y de la forma en que ocurren los hechos.

Cada red social es un canal para contar algo. ¿Qué estás pensando? ¿Qué está pasando? ¿Qué estás haciendo? Esas son las preguntas que hacen las redes para motivar a sus usuarios a que cuenten historias, no importa cual, si es real, ficticia o a quien pertenece, lo que vale es estar allí, conectado al flujo narrativo, en el *happening* del *timeline*, donde la verdad se viraliza o se devalúa de acuerdo con los *likes* de la audiencia.

Ahora, por mucho que los seres multiplexados viven en esa zona difusa entre la realidad y la posibilidad, en el mundo líquido ocurren hechos indisolubles por las narrativas. Sin embargo, siempre existe la ruta para interpretarlos y hacerlos parecer favorables a los intereses de quien tenga el poder para cambiarlos.

A finales del siglo XX aparecieron los *spin doctors*. Así llaman a los especialistas en darles la vuelta a las historias y hacer control de daños en caso de equivocaciones. Todos los presidentes de los Estados Unidos desde Nixon hasta Joe Biden han tenido sus spin doctors. Se han convertido en figuras indispensables de la comunicación política para apagar fuegos cuando ya es imposible transformar la realidad.

No podemos ser ingenuos creyendo que desde las tribunas políticas no se miente ni se acomoda la realidad. Siempre ha ocurrido, lo que es distinto ahora es que, con las narrativas líquidas impulsadas desde el poder, no sólo se tuerce la realidad para acoplarla con el *storytelling* del líder, sino que se fabrica un mundo de posibilidades donde la versión oficial es real y tiene sentido para los activistas que consumen las historias. Es una especie de escisión de la realidad donde existe un mundo paralelo en el que todo cuadra para quien conduce la narrativa, mientras, en el plano de lo real, los hechos divergen del mundo líquido del poder.

Si en algún punto en la historia la frase que define a la política como el arte de lo posible puede hacerse realidad es ahora. Con las narrativas líquidas ya no es necesario construir las condiciones objetivas para el cambio, porque en el flujo de las posibilidades infinitas, la realidad es como un escenario móvil que se monta y se desmonta para ajustarse a los intereses del líder.

Como lo señala Christian Salmon en su libro *La Era del Enfrentamiento* (versión en español 2019): Los comunicadores han reemplazado la acción por el relato, deliberación por la distracción, el *state craft* (el arte de gobernar) por el *stage craft* (el arte de la puesta en escena).

Robert J. Shiller, profesor de economía en la Universidad de Yale y Nobel de Economía en 2013, escribió un libro llamado *Economía de la Narrativa*. Con el sugestivo subtítulo: Cómo las narrativas se hacen virales y generan grandes eventos económicos [40].

Según Shiller, las historias que nos contamos tienen impacto sobre nuestra realidad, y en ocasiones pueden generar grandes crisis. Algunas narrativas son atemporales y se reciclan en función de eventos que emergen en la realidad. Así ha pasado con temas como el miedo y la esperanza en torno a la tecnología, la necesidad de recobrar la rectitud moral para que haya desarrollo o historias sobre los sentimientos de determinados grupos que influyen en la economía, ya sea que los sindicatos son corruptos o ser rico es malo.

Aunque no lo parezca, las narrativas líquidas son uno de los desafíos más importantes que tiene hoy la seguridad. La capacidad que tienen de disolver la verdad y la realidad pone al orden público y a la justicia en aprietos. Si todo se relativiza, la ley pierde sus referencias y se queda sin suelo donde fundar sus raíces. Sin leyes, el sistema de justicia no tiene sentido y la frontera entre la certeza ciudadana y la zona gris del delito se hará cada vez más difusa.

CAPÍTULO 12

El reino de lo heterárquico

Una organización es líquida porque tiene la capacidad de adaptarse con facilidad a los cambios del entorno. Es como el agua, o cualquier otro fluido, que toma la forma del envase que lo contenga.

En este caso, ser líquido es distinto a ser resiliente. La resiliencia es la propiedad de hacerse flexible frente a la adversidad. Una organización resiliente se deforma temporalmente para absorber el impacto de aquello que la afecta, y luego vuelve a su estado natural, habiendo absorbido la experiencia y en ocasiones, habiendo aprendido de ella.

La organización líquida, por su parte, no tiene reglas preestablecidas, se amolda a las circunstancias y consigue la ruta de menor resistencia para lograr sus fines. Puede deformarse y readaptarse múltiples veces si el entorno se lo exige. En ella, no existen criterios de eficiencia o maximización de la utilidad, lo único importante es alcanzar los objetivos.

La delincuencia organizada es un excelente ejemplo de organización líquida. Su propósito es netamente económico, y en ocasiones el poder. Hará lo que sea esté a su alcance, al costo que sea necesario y sin restricciones legales o éticas para enriquecerse o sostener su posición. Además, la delincuencia organizada opera en un modelo de redes muy entramadas unas a otras, esto le da la posibilidad de transitar por infinidad de rutas alternas en caso de dificultades.

Si bien, la delincuencia organizada ha existido desde hace mucho tiempo, la globalización y la aceleración tecnológica han multiplicado sus modos de operación y sus posibilidades de interconexión. El ritmo del cambio y adaptación sucesiva le es natural a las organizaciones líquidas, de allí, la ventaja significativa que le llevan al resto del mundo. Una ventaja que abre una brecha entre los que se reconfiguran a la realidad cambiante y los que no ven venir el cambio o son tan pesados en sus estructuras que no pueden acoplarse al aceleracionismo de los tiempos.

Aunque no toda delincuencia organizada es líquida, por sus mismas razones de supervivencia, cada vez más tiende a serlo. Era común, inclusive en el pasado reciente, que la delincuencia organizada se ensamblara en función de un sistema jerárquico piramidal, con una figura muy prominente en su cúspide, al estilo de Pablo Escobar y el cartel de Medellín [41]. Si bien, Escobar manejaba redes de terrorismo y sicariato, luego de su muerte en 1993, el negocio de la droga en Colombia se reorganizó en un sistema complejo de grupos paramilitares y guerrillas de características mucho más líquidas. Los carteles mexicanos como el de Jalisco Nueva Generación y el de Sinaloa, se han diversificado en estructuras de múltiples dimensiones, a través de las cuales operan decenas de negocios ilícitos en varios continentes. En el caso de este último, superó sin mayores interrupciones operativas la captura y extradición de su líder, Joaquín "El Chapo" Guzmán Loera [42]. Se conoce que el cartel de Sinaloa tiene en su nómina a grupos de expertos financieros que se encargan del manejo detallado de los fondos de la organización; desde la inversión en tierras de cultivo, hasta el lavado de dinero en compra de propiedades. De la misma forma, operan cadenas logísticas que transportan la droga por distintos medios a Estados

Unidos, Europa y Australia. Poseen hasta pequeños submarinos de carga que se sumergen en las aguas del Pacífico de México a California.

No todas las organizaciones líquidas son criminales, existen empresas trasnacionales que observan y aprenden rápidamente del mundo líquido y que, no obstante, deben operar en entornos regulados, producir ganancias y desenvolverse con códigos de ética, han traspasado la brecha de la readaptación acelerada y superan por mucho a los modelos tradicionales de hacer negocios.

Uber, la empresa de transporte y traslado de pasajeros es prácticamente líquida. Se adapta a casi todos los países en los que opera, supliendo la demanda universal de movilizar gente, objetos y hasta comida de un sitio a otro, utilizando para ello, una red de conductores y vehículos completamente independientes. Es la empresa que más vehículos tiene en el mundo y no es dueña de ninguno. Amazon, Google, Airbnb, Netflix y Apple, son también ejemplos de innovación frente a los retos de las dinámicas fluidas y complejas de la globalización.

Una definición más aproximada a la organización líquida es la antifragilidad. Neologismo acuñado por el matemático de origen libanés Nassin Taleb [43] para describir aquello que es adaptable, resiliente y se aprovecha del caos y la incertidumbre para crecer y tener éxito.

Quizás lo líquido no aspire a tanto, y se conforme con sobrevivir a las vicisitudes, aunque la diferencia fundamental con el concepto de Taleb es que los estresores del entorno perfeccionan al sistema, no solo para adaptarlo, sino para hacerlo más apto frente a la adversidad. Es un poco lo que Charles Darwin estableció con la selección natural. Sin embargo, las organizaciones líquidas no quieren ni necesitan ser mejores. Solo están allí para cumplir sus objetivos, si no funcionan desaparecen o se autotransforman para adaptarse, y a través de la ruta de menor resistencia lograr su objetivo. Es esta la razón que lleva a las organizaciones criminales a no buscar ser protagonistas de la realidad, prefieren "pasar bajo el radar" y hasta desdibujarse en el paisaje. Que sus líderes sean reconocidos y famosos es un mecanismo de defensa, pues, al convertirse en el foco de atención, protegen a quienes operan por debajo en el anonimato.

La organización líquida es una expresión del posmodernismo, es de hecho, la forma en que Zygmunt Bauman definió a la contemporaneidad, llamándola modernidad líquida:

"En el mundo volátil de modernidad líquida, donde casi ninguna forma se mantiene inmutable en el tiempo suficiente como para cuajar y garantizar una fiabilidad a largo plazo, caminar es mejor que permanecer sentado, correr es mejor que caminar, y surfear es mejor que correr." [44]

Es la realidad en cambio constante que se devalúa a sí misma y da paso a una nueva para volverse a devaluar. En esta dinámica solo se puede sobrevivir si no existen demasiadas reglas o procedimientos, basta con asumir los fines de la organización sin importar los medios.

En tal sentido, a las democracias institucionales y formales del mundo occidental les resulta prácticamente imposible hacerse líquidas, pues sus fortalezas están precisamente en la solidez de sus fundamentos y el asentamiento de sus costumbres y tradiciones. El mundo líquido se cuela, por tanto, con imperceptible facilidad por las vulnerabilidades de los Estados con todas las ventajas que brinda el poder sin control.

Aunque algunos países están entendiendo que en estos tiempos líquidos los modelos de democracia representativa están sometidos a grandes presiones por el aplanamiento de las estructuras de poder, dadas las ventajas que ofrecen las tecnologías de comunicación al borrar las fronteras de espacio y tiempo, aunado a la potencia de amplificación de las redes sociales. Han desaparecido los intermediarios en las pirámides jerárquicas y ahora las relaciones entre los individuos se parecen más a redes heterárquicas con múltiples nodos de interconexión, y, por ende, a canales de participación e influencia en la vida pública de las sociedades. Pero estas capacidades de involucrar a más actores en el proceso de toma de decisiones colectivas son también impactadas por organizaciones líquidas dedicadas a torcer las voluntades de las mayorías y, que desde sus anonimatos intervienen en procesos electorales, inclusive antes que los ciudadanos hayan podido decidirse por cual opción emitir su opinión. A esto debe sumársele la automatización de los sistemas de votación, que, en lugar de brindar transparencia al ejercicio democrático, lo hacen más complejo, y por tanto más fácil de ser imperceptiblemente intervenido para favorecer a aquellos que tienen el poder para manipularlo.

Ante tales circunstancias, aquellos gobiernos corruptos y deslegitimados por las prácticas abusivas de poder se "licuan", al igual que las organizaciones criminales, para sostener sus ventajas y privilegios. La natural e histórica convergencia entre dictadores y redes criminales ha encontrado en la dinámica líquida un espacio multidimensional para florecer, dejando muy atrás a la justicia en su intento de detenerlos y desarticularlos. La sinergia político-criminal es más que la suma de sus partes. Los regímenes adquieren las destrezas del crimen en sus redes trasnacionales y estas, a su vez, consiguen un nicho desde donde establecer sus operaciones de manera segura desplegando así sus potencialidades delictivas.

Frente a este fenómeno, los gobiernos democráticos y la justicia internacional tienen muy poca capacidad de respuesta y solo cuando este maridaje comienza a amenazar la estabilidad regional es que se toman medidas, la mayoría de orden económico, con el propósito de romper las fuentes de financiamiento, pero dado el carácter líquido de las convergencias, rápidamente se adaptan a las nuevas condiciones y mutan, tanto en sus formas como en sus funciones para garantizarse la sobrevivencia. En este punto de yuxtaposición de planos políticos y criminales es donde se originan los riegos de naturaleza líquida, difíciles de contener y más aún de mitigar.

El solapamiento político criminal engendra en su seno a los Estados criminales, a novedosas formas de populismo, a fuerzas armadas

131

desnaturalizadas y puestas al servicio de tiranías y a grandes aparatos de propaganda, pero igualmente, alberga sistemas sofisticados de represión y dominación social y espacios para el tráfico de todo lo ilegal que pueda existir sobre el planeta. Todos son riesgos de origen político criminal pero ahora líquidos por la complejidad del entorno, la dinámica de las organizaciones y la lentitud de las instituciones democráticas que deberían mitigarlos o neutralizarlos.

Pero, este poder que otorga a las organizaciones la posibilidad de hacerse líquidas no viene de gratis. En la transformación surgen igualmente, otros riesgos, pues al disolverse las jerarquías, el poder debe ejercerse bajo nuevos paradigmas y las relaciones de subordinación mutan a la nueva geometría de las redes, donde las categorías para clasificar objetos, individuos, sociedades, sistemas o ideologías han dejado de ser estáticas.

Ya la política no se divide en izquierda o derecha, los sexos dejaron de ser sólo masculino y femenino, e inclusive, los Estados nacionales ahora responden a una amplia variedad de intereses y no se comportan como bloques monolíticos. Estamos entrando ahora en un espacio multiplexado de la realidad.

A esta nueva etapa la podríamos bautizar como la era de las heterarquías, es decir, en una nueva forma de reordenar el mundo, en el cual las relaciones entre las personas, organizaciones y hasta las sociedades pueden clasificarse de múltiples formas, con tendencia a privilegiar estructuras más flexibles conformadas en redes, en lugar de las clásicas pirámides jerárquicas.

Lo heterárquico divide o une de acuerdo con los intereses, tiende a ser polivalente y hasta cierto punto indiferenciado, cuando no responde a una determinada clasificación. Son sistemas donde sus elementos poseen la potencialidad de ser clasificados de diversas formas y cada uno se entreteje horizontalmente en red con sus pares.

Al no poseer una categoría definida, las partes de un sistema heterárquico pueden ordenarse en función de sus propósitos, por tanto, un elemento puede ser aliado ante determinado objetivo y adversario frente a otro.

El orden heterárquico es un reino indiferenciado y no jerárquico que toma forma y se alinea en función de una unidad de propósito, en el cual, una vez logrado su objetivo, se funde en su propia red, para ajustarse de nuevo en función de nuevos intereses o propósitos.

El planeta se confronta a un nuevo paradigma de organización que reta la noción fundamental del principio de identidad sobre el que se basa la filosofía occidental, $A = A$, frente a ello, toda referencia anterior resulta contradictoria, pues ahora, algo puede ser distinto de sí mismo, y ser clasificado según su cambiante interés o propósito. Se trata de un nuevo modo de ordenar al mundo. Es el nuevo orden heterárquico.

De cara a este panorama ha llegado el momento para que estas fuerzas, hasta ahora indiferenciadas, se muestren, quizás porque estén alineadas en sus propósitos, o porque se sientan amenazadas por contrafuerzas que intentan oponérseles. En todo caso, parecieran tener ventaja y estar decididas a avanzar en múltiples planos y agendas.

El tema clave es la antifragilidad del orden heterárquico, pues es en sí mismo, un poderoso sistema de inhibición para aquellos que pretenden cambiarlo o desmontarlo por las vías tradicionales o institucionales del pasado reciente.

Siendo así, el reto que tenemos por delante es de grandes proporciones, por ello, se impone en primer término, hacernos conscientes de estos procesos y, en segundo lugar, aprender a identificar los flujos y las conexiones en este tablero multidimensional de líneas borrosas en el que nos ha tocado jugar.

Los primeros en entender y asumir un modelo de orden heterárquico fueron grupos trasnacionales de terrorismo y delincuencia organizada. De allí, precisamente, ha derivado su poder para adaptarse a la complejidad de estos tiempos y no solo sobrevivir, sino fortalecerse.

Pero, la heterarquía más recientemente ha llegado a nuevas fronteras y ahora es una de las formas preferidas de organización de las grandes empresas tecnológicas, los gigantes farmacéuticos, las corporaciones pertenecientes al Partido Comunista Chino y hasta algunas ramas del Estado norteamericano.

Fallar en entender e incorporar sus modelos a las organizaciones es sucumbir a los riesgos líquidos.

En la lógica del aceleracionismo, puede entenderse que las heterarquías son la respuesta natural frente a los tiempos que vivimos. Basta una proyección a muy pocos años para convencer a los más incrédulos que la civilización occidental tiene en los riesgos líquidos el reto de su propia supervivencia.

El avance convergente de regímenes y organizaciones criminales globales amenaza no solo la paz de todo un hemisferio sino sus valores fundacionales de libertad. Pero, por otra parte, las heterarquías están alterando profundamente las relaciones de poder, lo que potencia la espiral de los riesgos, agregando complejidad e incertidumbre a la situación. En este punto, la primera tarea es hacernos conscientes de lo que enfrentamos. En el mundo líquido no existe la protección por ignorancia, al contrario, las primeras víctimas son usualmente las que ignoran, o no quieren ver la realidad.

Las redes sociales son para el individuo el medio de reconocimiento y validación de su existencia. Registrarlo todo y colgarlo online se ha convertido en el antídoto y profiláctico de la exclusión. Ya los límites entre lo público y lo privado se han diluido de tal manera, que prácticamente no se requiere esfuerzo alguno para ver la vida de otros.

CAPÍTULO 13

Elecciones líquidas o cómo hackear una sociedad

Siendo las elecciones la fuente de origen para la legitimidad en las democracias, son al mismo tiempo, el punto en la historia de las naciones desde donde emerge el poder. De allí, el interés de organizaciones líquidas que, simulando ser políticas, las manipulan, no sólo alterando sus resultados, sino influenciando a los votantes antes de decidir sus votos.

Existen múltiples evidencias de fraudes electorales cometidos desde dentro y fuera del poder. En las elecciones de Bolivia en 2019, las primeras auditorías mostraron el cambio de los servidores de totalización en un momento en el cual los resultados no le eran favorables a Evo Morales, con el propósito de colocarlo por delante de los otros candidatos [45].

La historia reciente ha dado evidencia de casos mucho más sofisticados. En Venezuela, se ha documentado el registro de hasta cuatro millones de votantes virtuales que aparecen y desaparecen de acuerdo con las conveniencias del Consejo Nacional Electoral. En las elecciones a la Asamblea Nacional Constituyente de agosto de 2017, la empresa

Smartmatic proveedora de soporte tecnológico del órgano electoral denunció que en la totalización aparecían por lo menos un millón de votos más de los que ellos contabilizaban desde su plataforma [46].

En 2020, se alcanzó hasta ahora, el punto máximo de la licuefacción electoral en los comicios de los Estados Unidos. Fueron tantas y tan complejas las dudas que se crearon en torno a la elección, que el 33% [47] del total de los electores, según una encuesta realizada por cinco universidades norteamericanas, aún dudan que el resultado no exprese la voluntad real del elector.

En Estados Unidos existen tantos sistemas electorales como estados tiene la Unión. Basados en las autonomías regionales, cada uno administra su propia plataforma de votación y contabilización de votos. Por otra parte, cada estado tiene varias modalidades para el voto temprano, que inicia cuatro o cinco semanas antes del día de la elección, como la posibilidad del voto por correo, que en plena pandemia alcanzó el 46% del total de los sufragios emitidos [48].

Sin embargo, la preocupación más grande en relación con el resultado electoral proviene de las poderosísimas campañas *online* no oficiales, muchas de ellas impulsadas desde países como Rusia y China, aunque no exclusivamente, ya que naciones occidentales también promueven la desinformación, orientada a modificar el comportamiento de votantes indecisos, con el fin de favorecer a un candidato o hacer parecer que la política de cierto partido se alinea con la posición de naciones que no son aliadas de los Estados Unidos.

Lo electoral se ha convertido en el nuevo campo de batalla para la materialización de riesgos líquidos, más aún cuando lo que está en juego es el poder en la nación más fuerte e influyente del planeta.

Si bien, la manera en la que estos riesgos emergen depende de factores que predisponen su materialización, o son la respuesta a una secuencia determinada, es posible identificar algunos signos vinculados a ellos.

En primer término, la realidad deja de estar definida por las certezas, sustituyéndose por grandes lagunas de incertidumbre. Donde antes existían posiciones sólidas en relación con el valor de las instituciones, el estado de derecho o las normas sociales, ahora aparecen situaciones inesperadas o casi inimaginables hasta hace muy poco. Ya en un entorno de incertidumbre, la realidad es lo suficientemente fértil para contra informar, desinformar y falsear la verdad, lo que no sólo potencia la incertidumbre, sino que genera el ambiente caótico propicio para que, hasta lo imposible, comience a lucir probable.

Para el proceso de relativización de la verdad mientras más interpretes existan, más signos se interponen entre el objeto y la realidad, haciéndole más complejo al ciudadano común su entendimiento del entorno, y, por tanto, limitando cualquier posibilidad de ubicarse en el presente y sin capacidad para pronosticar el futuro inmediato. Todo esto, mezclado con la polarización del debate político impulsado desde las redes sociales y acelerado por medios con altísimo poder de difusión.

La incertidumbre y el caos existen no porque necesariamente alguien esté diseñando la realidad para que ocurra de esta manera, ambos son elementos naturales de las dinámicas complejas. Lo que hay detrás, son organizaciones que han aprendido a sacarle provecho a la impredecibilidad y a la incomprensión de la realidad, poniéndose en una posición de mucha ventaja estratégica sobre aquellos que aun perciben el mundo como una sucesión lineal de causas y efectos.

Si bien, no todas las organizaciones que explotan el caos son criminales, aquellas que lo hacen sólo por el poder pueden considerarse como tales, ya que pueden intervenir en la voluntad de los individuos y comunidades para modificar sus percepciones en torno a la libertad, la democracia o el voto. Operan como hackers de las sociedades y la manera que estas tienen de elegir a sus gobiernos.

La fragilidad de las democracias ya no sólo se mide a través del poder de sus instituciones. Las múltiples posibilidades de intervenir en procesos electorales (las cuales pueden pasar bajo el radar de la ley) o el creciente control social han quedado en evidencia en muchas partes del mundo. Tanto es así que cada elección no sólo es un negocio para organizaciones criminales dedicadas a enrarecer las atmósferas de los países en momentos de elección, sino que se han convertido en puntos nodales para el marketing de ideologías, a través de la promoción de organizaciones no gubernamentales plagadas de intereses políticos que llegan al punto de prestarse para experimentos sociales masivos a través de la manipulación de datos y el uso de Inteligencia Artificial.

Algo, en apariencia tan sencillo como la elección de candidatos a través del conteo de votos se ha transformado en el nuevo y difuso plano de una guerra de amenazas anónimas y completamente asimétricas. Son una expresión muy completa del ciclo de formación de riesgos líquidos.

Como todo riesgo líquido, sólo puede ser mitigado interrumpiendo su ciclo a través de la reducción de la incertidumbre. De allí que, la conciencia social y la participación protagónica de los ciudadanos en los procesos electorales, inclusive a la par de los órganos del Estado creados para tal fin es condición indispensable para que se desarrollen comicios con las garantías debidas, transparentes, justos y libres de amenazas. No entender hoy el riesgo de hacer elecciones en medio de la incertidumbre es perder la democracia.

Las guerras de la desmoralización

Samuel Huntington (1927-2008), politólogo norteamericano, en su libro de 1981, *American Politics, The Promise of Disharmony* [49] predijo que Estados Unidos entraría en una profunda convulsión moral a partir de la segunda década del siglo XXI, pronóstico que realizó a partir de un estudio de ciclos de sesenta años por los que ha atravesado la sociedad del norte. El último ciclo ocurrió en 1960, de allí que, según Huntington, era lógico pensar que 2020 sería el año propicio para una nueva crisis, y visto en retrospectiva, todo apunta a que su predicción fue bastante acertada y de consecuencias que apenas comenzamos a entender.

Según el politólogo, la nación americana está fundada en ideales, y el problema es que tales ideales son inalcanzables, lo que genera grandes tensiones sociales. Escribe Huntington, *"En términos de creencias de los estadounidenses, se supone que el gobierno es igualitario, participativo, abierto, no coercitivo y receptivo a las demandas de individuos y grupos. Sin embargo, ningún gobierno puede ser todas estas cosas y seguir siendo un gobierno."*

Si bien, la tesis de Huntington es muy difícil de demostrar, son muchos los analistas políticos y periodistas que se apoyan en ella para explicar el fenómeno de Trump y su llegada al poder, vinculando la crisis moral norteamericana con el derrumbe de la confianza y la ruptura de la cohesión social del pueblo americano, a partir de 2016.

Apelar al derrumbe moral de las sociedades para construir teorías del cambio en la población no es nada nuevo. Los venezolanos utilizaron los mismos argumentos en 1998 para llevar a Hugo Chávez a la presidencia y por la misma razón los bolivianos eligieron a Evo Morales en 2005. El problema es que, Joe Biden y decenas de influyentes analistas utilizaron el mismo *script* para llegar al poder.

Los demócratas, en medio de la desesperación por derrotar a Donald Trump perfeccionaron una narrativa peligrosa; se trataba de bajarle la moral al ciudadano, desarmándolo desde adentro para presentarle un panorama devastador de su realidad y así demostrar que Trump en cuatro años había destruido el tejido social de todo un país y había deshecho las relaciones de confianza en la nación, lo que dejó a la sociedad en medio de la más profunda orfandad, ya que el Estado había dejado de protegerlo.

La idea es presentar a un Estado débil e incapaz y a una nación desmoralizada y sin confianza, por la que ya no vale la pena luchar, pues en medio del caos, todo esfuerzo individual es inútil y lo que se requiere entonces es un gran componedor. Es decir, un nuevo orden dirigido por la experiencia de alguien quien ponga las cosas en su lugar. Hipótesis casi utópica en un planeta globalizado, hiperconectado y de una complejidad que impide restaurar orden alguno, pues en la lógica de lo líquido ya no existen más los preceptos de los estático, sino la dinámica de lo fluido, donde nada permanece en su sitio por mucho tiempo y lo nuevo se devalúa a tal ritmo, que ya no queda tiempo para ordenar.

Es así como la desmoralización desde hace siglos ha servido para ganar batallas sin pelearlas, pero ahora, en el contexto de lo líquido se convierte en un arma poderosísima de manipulación de masas, que, entre la incomprensión y la incertidumbre, anulan la institucionalidad de los Estados, que en lugar de actuar, prefieren responder según dicta el *establishment*, antes de confrontar la estrategia de bajarle la moral al ciudadano.

En tal sentido, para apuntalar la narrativa de la crisis moral, la pandemia del COVID-19 ha venido a convertirse en el *landscape* del desastre desmoralizador preferido por la *mainstream* media, que desde CNN mostraba un contador de casos y fallecidos, en una especie de ansiedad morbosa que intentaba conectar los tuits de Donald Trump con los muertos por el virus. Contador que, por cierto, desapareció de todas las pantallas al iniciarse las protestas a partir del trágico incidente de George Floyd [50], en una expresión completamente manipulada que además acusaba de "declive moral" a las fuerzas del orden público.

Entre tanto, los estrategas demócratas sabían que existía una disonancia entre la narrativa de desmoralización y el perfil de su candidato, que era incapaz de llenar los zapatos del gran componedor que trataban de vender, pero tal divergencia, en medio de las contradicciones del mundo líquido, no representaba un problema, al contrario, era la brecha necesaria por la que se colarían todos aquellos que entre 2016 y 2020 habían visto peligrar los privilegios ganados en la era Obama.

David Brooks, conocido editorialista del NYT publicó a principios de octubre 2020 en *The Atlantic*, un largo ensayo, titulado *America Is Having a Moral Convulsion* (América Está Teniendo una Convulsión Moral). Allí escribe, *"Trump es el instrumento final de esta crisis [moral], pero las condiciones que lo llevaron al poder y lo han hecho tan peligroso en este momento, tienen décadas en construcción, y esas condiciones no van a desaparecer, aunque sea derrotado".* [51]

De nuevo, se utiliza el poder de los medios para desmoralizar (y romper toda resistencia) al ciudadano, rebajando su individualidad. Para estos nuevos profetas ya no importa lo que se haga, ya que es tal el tamaño del caos, que, aunque Trump perdiera las elecciones, persistirían las condiciones y, por tanto, habría que imponer un nuevo modelo de Estado.

El norteamericano común, aunque consciente de sus libertades, ignora el giro de los demócratas hacia la potenciación del Estado benefactor, que no se presenta de forma nítida, sino que se vende engañosamente, creando la necesidad de que exista, ya que en la realidad actual, "el cáncer de la desconfianza se ha propagado a todos los órganos" según lo señala Brooks, más adelante en el mencionado ensayo, y por tanto hace falta recomponer las cosas, aunque el escritor en sus conclusiones no es muy optimista sobre si exista, en esta oportunidad, una verdadera solución al problema de la convulsión moral.

Si bien, el pesimismo de David Brooks es real, falla en entender que la crisis moral ya no es producto de unos ciclos históricos que les son propios a la sociedad norteamericana. Estamos en presencia de un proceso planetario nunca experimentado y que no responde a linealidad alguna, por tanto, no se ciñe a parámetros del orden tradicional que puedan restañarse desde la experiencia de quien ha gobernado en el pasado. Es un proceso que sólo puede conducirse y no gobernarse, para

143

lo cual se requiere una buena dosis de flexibilidad e independencia, sin demasiadas ataduras culturales o sentimientos de culpa.

A pesar del poder mediático y narrativo de los artistas de la desmoralización, Trump obtuvo en 2020 una votación aun superior (74. 22 millones) [52] a la que lo llevó a la presidencia en 2016 (62.98 millones). Su oferta era simple y contrapuesta a la complejidad de lo líquido, *Make America Great Again*. MAGA giraba en torno a convocar a la gente a construir sobre el orgullo de ser americano y recalificar al ciudadano desde lo local y no lo global. Trump en sus cuatro años presidenciales fue un errante del poder, aunque entendió el riesgo líquido al que se enfrentaba y pretendió ser un dique para su contención, la dinámica compleja de las amenazas anónimas e indetectables pudieron más que su carisma y potencia política. Su último recurso en esta batalla fue nunca reconocer el triunfo de Biden con el propósito de deslegitimarlo como presidente.

Jugar al arte de la desmoralización con un pueblo como el de los Estados Unidos que se ha crecido múltiples veces sobre sus dificultades y ha salido fortalecido sin perder sus libertades no es algo fácil de lograr, quizás en esta oportunidad la incertidumbre de 2020 y su COVID-19 favorecieron la estrategia demócrata de intentar una victoria electoral convocando a una derrota moral. Sin embargo, estamos en un juego líquido, donde no se gana ni se pierde, sólo se está temporalmente delante o detrás.

Esta seguridad con plena consciencia del riesgo es una especie de seguridad para sí misma. Su característica clave será entonces su propia capacidad de auto observación. La seguridad ya no solo sería un proceso que reduce las vulnerabilidades de un objeto o de un entorno, sino que al construir la plena consciencia del riesgo hace al sujeto eje y valorador activo de los peligros que le circundan, permitiéndole decidir con previsibilidad una ruta para desmontarlos, inclusive antes que se hagan evidentes.

CAPÍTULO 14

Totalitarismos líquidos

*Internet, nuestra mayor herramienta de emancipación,
se ha transformado en la facilitadora más peligrosa
del totalitarismo jamás vista.*

-Julian Assange

En una investigación publicada por la Unidad de Inteligencia de *The Economist* sobre el estado de las democracias en 2021, destacan que 93 de un total de 167 países estudiados fueron considerados regímenes autoritarios o híbridos, mientras que 53 tienen democracias con fallas, algunas tan frágiles que no son capaces de controlar los excesos de sus gobernantes [53].

Es evidente que la dinámica acelerada de cambios globales y las nuevas tecnologías de información, si bien han contribuido a satisfacer crecientes demandas sociales, no se han traducido proporcionalmente en cambios reales hacia sistemas políticos más democráticos.

En cierta medida la tendencia ha sido otra. Las herramientas de la globalización están siendo capitalizadas con más habilidad por regímenes autoritarios, repotenciando sus capacidades no sólo para mantener el poder, sino para expandirlo vigorosamente a nuevos territorios, tanto geográficos como culturales.

El fin de la Unión Soviética marcó el quiebre de un paradigma en los modelos dictatoriales. El encumbramiento del poder, la burocratización y el control férreo sobre las relaciones de los ciudadanos hizo que los Estados totalitarios del pasado se calcificaran sobre sus propias estructuras, lo que les imposibilitaba competir en un mundo que comenzaba a transformarse.

Mientras la Rusia de los 80 seguía aferrada a los altos hornos de la revolución industrial, la revolución digital del microchip y la Modernidad reflexiva le cambiaba la faz al planeta.

Lo que Fukuyama llamó El Fin de la Historia [54] fue realmente una larga transición de 30 años, en los que las democracias liberales —creyéndose consolidadas— se hicieron sedentarias y fofas frente a la aceleración de la realidad. Las instituciones internacionales nacidas de la Segunda Guerra Mundial, hoy se ven inválidas para atender los nuevos retos, y más bien se hacen instrumento de los modos autoritarios.

El campanazo de septiembre de 2001, que los Estados Unidos entendió como la Guerra contra el Terror [55], era mucho más que eso. Se trataba de la reconfiguración del poder en una expresión global, ya no obsesionado con el orden, sino signado por el caos.

Sin ánimo de sobredimensionar al chavismo, pero entendiendo su papel en esta historia, a partir de la primera década del siglo XXI, Hugo Chávez transformó a Venezuela en la catapulta de un proceso mundial de relanzamiento de un nuevo modelo de totalitarismo adaptado a la complejísima y acelerada realidad. Lo que una vez había hundido a los totalitarismos tradicionales, ahora, en una especie de jiujitsu de la historia, se devolvía para disolver a las instituciones de la democracia utilizando entre otros, sus propios instrumentos electorales.

Esta versión 2.0 del totalitarismo ya no es rígida sino líquida. En ella, el poder no se encumbra, sino se organiza en redes, y su unidad de propósito se centra en mantener y expandir su poder a través de los medios que tenga a su alcance.

En el *totalitarismo líquido* hay una regla: Mantener el poder. Ese es su propósito, por tanto, todo aquel que enlace sus objetivos con el propósito totalitario, tiene cabida en el proyecto. No es difícil entender entonces cómo grupos criminales trasnacionales, bandas locales y otros gobiernos del mismo corte se alinean bajo el mismo principio.

Si bien es cierto que todo totalitarismo tiene como objetivo sostenerse en el poder, en la versión líquida existen diferencias notables; la más relevante es la organización en redes heterárquicas que convergen en la unidad de propósito, en contraposición a los estrictos órdenes jerárquicos de los modelos del siglo XX.

La convergencia de organizaciones y países que conforman una red en la que se trama el totalitarismo líquido tienen múltiples intereses, pero todos tributan, de una forma u otra, al sostenimiento del poder. Inclusive aquellas completamente legítimas como ONGs, gremios y hasta gobiernos electos democráticamente que comparten intereses económicos con estos regímenes autoritarios.

Pero, en estas manifestaciones líquidas del poder totalitario se ensamblan otras propiedades bastante más sofisticadas y que son utilizadas por el sistema, tanto para protegerse como para fortalecerse.

La primera de ellas es promover, a través de referéndum o cambios constitucionales, la ruptura del principio de alternabilidad en el poder para sustituirlo por la reelección indefinida. No se trata exclusivamente de "elegir" de manera ininterrumpida a la misma persona en la presidencia, es legalizar la perpetuidad del sistema en el poder, más allá de un liderazgo individual.

Sólo por citar dos ejemplos; así ocurrió con Hugo Chávez en Venezuela, quién realizó en 2009 una consulta electoral para modificar Constitución Nacional e introducir la reelección indefinida [56], y con Evo Morales en Bolivia, cuya opción de ser candidato para un tercer período había sido negada en un referéndum popular, el Tribunal Supremo

Electoral lo habilitó como candidato para los comicios de 2019 [57]. A pesar de que hoy ninguno de los dos es presidente de sus países, sus regímenes y modelos siguen gobernando.

Otra propiedad esencial del totalitarismo líquido es simular que el Estado mantiene una estructura institucional de separación de poderes, al igual que las democracias del planeta. Por ello, se conservan los parlamentos, las cortes supremas de justicia y los tribunales electorales, aunque todos alineados y convergentes al propósito de mantener el poder.

La tercera propiedad es la repartición del poder en fragmentos otorgados a los actores que convergen en intereses y propósitos. A través de esta distribución se genera un vínculo que amarra con la red de control, a la cual debe rendir cuentas en proporción al poder entregado, so pena de acciones represivas. Es el formato de una paz impuesta, ya no por las leyes sino por las grises redes del crimen.

La fragmentación sirve además para generar competencia interna en las redes del crimen, en una especie de balance y contra balance que opera como autorregulador del poder. Mientras los nodos de la red se mantengan en la dinámica del equilibrio y no entren en conflicto con los propósitos del totalitarismo, sus actividades tendrán cabida en el sistema.

Una propiedad complementaria que opera como soporte de los totalitarismos líquidos es la capacidad que tienen de simular un estado de tensión permanente entre orden y caos, donde las redes de poder son la garantía de paz. Con esto se busca desalentar cualquier intento de intervención externa, ya que alteraría el frágil equilibrio generando una respuesta no controlada e impredecible, de consecuencias mucho peores que mantener el estatus quo totalitario.

De esta manera el totalitarismo líquido se hace resiliente a las adversidades y en extremo flexible, por tanto, no se puede quebrar (lo líquido no se quiebra) dado su altísima destreza de adaptación. De allí que, toda premisa basada en fracturar sus cúpulas, sus fuerzas militares o sus grupos represivos no se aplica en estos sistemas. Desalojar del poder a estos regímenes tan líquidos requiere una aproximación estratégica distinta.

En primer lugar, para desarticular un sistema totalitario líquido es indispensable entender cinco características básicas:

1. Su sustrato de operación es el caos de dónde saca su energía. Su poder se deriva de la agilidad para adaptarse a los fenómenos emergentes que surgen de la complejidad del caos. Los totalitarismos líquidos siempre están alertas para adaptarse y sacarle provecho a la realidad, inclusive en condiciones que le sean adversas. El COVID-19 representa el mejor de los ejemplos. Los regímenes autoritarios fueron aún más extremos en el ejercicio del control social utilizando la pandemia como argumento. Debido a su íntima relación con el caos, los sistemas totalitarios líquidos no se rigen por principios de eficiencia, jerarquía o meritocracia, sino por la lealtad (siempre) al propósito del poder.

2. El poder en los totalitarismos líquidos no es estático sino dinámico, es decir, fluye entre los múltiples actores (nodos) de la red. Dependiendo de los fenómenos emergentes que surjan en la realidad, las estructuras se adaptan en torno a polos (centros de gravedad) desde donde se toman decisiones. Las redes además tienen múltiples nodos redundantes, si uno falla, otro toma su posición, sin que haya mayor disrupción en el sistema.

3. Entre los nodos de la red ocurren múltiples interacciones, también conocidas como relaciones de transferencia. De allí que conocer las formas en las que se dan esas relaciones es clave para decodificar el entramado líquido. En este sentido, para los totalitarismos líquidos el control y la manipulación de la información es un componente crítico del sistema. Las relaciones

151

de transferencia no pueden ser completamente públicas, pues si quedan al descubierto la red se hace vulnerable.

4. Los totalitarismos líquidos basados en redes adaptativas aprenden a través del ensayo y error. Los errores o fallas usualmente no generan mayores consecuencias porque ninguno de los nodos es completamente crítico. Es así como sus centros de gravedad mutan para "sanarse" y corregir las desviaciones que pudieran poner en riesgo el propósito del sistema.

5. Una de las herramientas favoritas del poder líquido es la construcción de narrativas para relativizar la verdad, reorientar la opinión pública o construir enemigos. Son métodos muy bien estudiados en los que se desmonta la realidad y se rearma en favor de los intereses totalitarios. Es quizás una de las características heredadas del modelo totalitario tradicional, pero esta vez, repotenciada a través de las nuevas tecnologías de información y las redes sociales.

En segunda instancia, y debido al poder de adaptación, los totalitarismos líquidos no se derrumban con acciones puntuales o únicas, aunque estas sean contundentes. Por ello, basar la caída de un totalitarismo en una elección, unas sanciones, el levantamiento de un cuartel o la insurrección popular de manera aislada no funciona. El sistema es capaz de absorber la turbulencia y recalibrar sus centros de gravedad para no desarticularse.

Estos sistemas adaptativos complejos colapsan principalmente por dos razones:

• Si ocurre en un periodo dado, una combinación de eventos que en una mezcla de simultaneidad y secuencia generen una falla tal que no pueda ser procesada a través de los nodos del poder, produciendo un daño catastrófico e irreversible.

- Si pierden sus estresores y se relajan a tal punto que se reduce a un nivel crítico su capacidad de adaptarse ágilmente a los fenómenos emergentes, haciéndose sedentarios y lentos.

Las fallas catastróficas son difíciles de producir, pero no imposibles, y usualmente son una combinación de fenómenos emergentes aprovechados por contrafuerzas del sistema.

Para inducir una falla catastrófica, las contrafuerzas deben estudiar con detalle la arquitectura de la red en la que se entrama el sistema totalitario líquido y, a partir de allí, diseñar un modelo dinámico de fallas que combine nodos, centros de gravedad y relaciones de transferencia.

El estudio de los regímenes autoritarios tendrá que convertirse, más temprano que tarde, en un tema de discusión global, no sólo por el poder que acumulan, las crisis humanitarias que causan y las amenazan que representan, sino porque están generando intencionalmente un desequilibrio en el mundo de las democracias y un desafío sin precedentes en la seguridad de naciones y organizaciones. Son modelos que no se contienen en sus fronteras geográficas ya que necesitan depredar sus entornos para asegurarse el propósito del poder.

El caso de Siria

Tras la muerte de Hafez Al Assad en 2000 faltando un mes para ser reelegido, y luego de 29 años en el poder, le sucedió su hijo Bashar Al Assad, médico con especialización en oftalmología de la Academia de Londres quien ya se preparaba como sucesor desde 1996, debido a la muerte en un accidente de tránsito de su hermano mayor Bassel [58].

En 2011, a partir de los sucesos de la primavera árabe, Bashar llevó a Siria a una guerra civil, que aún no termina, y que a través de los modelos líquidos del totalitarismo ha seguido gobernando su país, convertido hoy en una inmensa y caótica zona gris.

En el revelador libro sobre la guerra civil siria, *Assad ot we burn the county* [59], escrito por el periodista norteamericano - libanés Sam Dagher, se relata con detalle la naturaleza político criminal de Bashar Al Assad, así como las capacidades adaptativas de sus redes que le han permitido, no sólo sostenerse en el poder, sino consolidarse y seguir reeligiéndose como presidente de Siria.

Dagher sintetiza magistralmente en tres aspectos los consejos que los mentores más cercanos de Assad le proporcionaban con relación a cómo mantenerse en el poder durante tiempos de crisis y que son expresión de adaptabilidad en los nuevos totalitarismos:

El tiempo está de tu lado, así que espera y déjalo actuar. Siria, a diferencia de Francia o los Estados Unidos, no tienen elecciones reales, parlamento ni opinión pública con la cual lidiar. Sus líderes vienen y van, ascienden y caen, mientras que tú permaneces.

Maniobra, bloquea, confunde y miente, y siempre utiliza la fuerza, la fuerza extrema cuando sea necesario. Occidente, al final, admirará tu dureza y perseverancia, ellos adoran a los hombres fuertes y ganadores.

Asegúrate siempre de tener elementos con los cuales apalancarse y las cartas correctas que te permitan jugar y golpear donde duele. Eventualmente tus enemigos vendrán de rodillas a negociar contigo.

En mayo de 2021, Bashar fue votado por tercera vez para un nuevo período de siete años, en una elección cuestionada por las naciones de Occidente [60]. Mientras tanto, Europa y Estados Unidos siguen en el dilema de negociar, a fin de aliviar la crisis humanitaria y la destrucción que asola a los sirios.

En el lapso entre el 2010 y el 2021, según el estudio de *The Economist*, el índice de democracia en el mundo ha descendido 3,29% y la tendencia es hacia la baja. Es hora de preguntarnos por qué, a pesar de todas las promesas de libertad que acompañan a la globalización, los gobiernos del mundo se hacen progresivamente más autoritarios.

CAPÍTULO 15

Catastrofismo: el vector de la intimidación

Como estamos en tiempos en los que las percepciones sustituyen a la realidad se ha hecho fácil hacerle creer a muchos que los riesgos son inevitables. Al menos eso es lo que ha ocurrido en el presente con relación al calentamiento global y ocurrió durante la guerra fría con el fin de la civilización por la proliferación de las armas nucleares.

En esta sociedad del riesgo estamos expuestos a múltiples amenazas sobre las que no tenemos capacidades de valoración con algún grado de certeza, porque es precisamente allí donde actúan los riesgos líquidos, generando percepciones desfasadas de la realidad, de las que además existen tantas versiones como narrativas puedan propagarse a través de los multiversos del poder.

Hoy, los riesgos son intrínsecos a la complejidad en la que estamos inmersos. No obstante, la presencia de riesgos líquidos no determina la materialización inevitable de una realidad catastrófica. Todo riesgo pertenece al territorio de lo probabilístico, es decir, existe tanto la posibilidad de que se materialice y genere impactos no deseados, como de que esto no ocurra, de allí que, el riesgo *per se* no es una condena *a priori* que nos somete a vivir en un mundo ahogado en la impredecibilidad de los tiempos.

El problema radica en que, en gran medida, la probabilidad de materialización de los riesgos la determina la calidad de la amenaza y el poder de las organizaciones líquidas para explotar las vulnerabilidades de las potenciales víctimas, y en el caso particular de riesgos emergentes, como muchos de los riesgos líquidos, se agrega el poder adictivo que tales amenazas que constituyen y que pueden ser empleadas para seducir a quienes con bajos niveles de conciencia, terminan atrapados en sus redes.

En este contexto líquido es muy fácil entonces confundirse y caer en el dilema del catastrofismo de quienes predican el fin de los tiempos. Un ejemplo clarísimo de esto es el impacto del ser humano en el cambio climático.

Desde hace cinco décadas existe un relato, ya globalizado, que la raza humana destruyó el planeta y aunque ya hemos causado daños irreversibles, si no hacemos algo muy pronto no nos vamos a salvar. Es un dilema perder – perder, pues para el fanatismo verde cualquier acción siempre será poca para salvarnos y si optamos por la inacción nos convertimos en criminales depredadores de los recursos naturales.

Quizás medio siglo sea un tiempo corto para validar esta hipótesis de la catástrofe ambiental, pero lo que es cierto es que aun seguimos viviendo sobre la faz de la Tierra y que, así como hemos dañado el entorno, también trabajamos en alguna medida para recuperarlo y mejorarlo.

El catastrofismo es utilizado como vector de intimidación de la sociedad. Busca paralizar (no movilizar) a través del miedo y delegar en élites la toma de decisiones en temas globales que deberían ser de amplio debate. No se trata de negar los hechos que revelan el cambio del clima, el riesgo surge cuando se manipula a través de agendas políticas la utilización de ciertos tipos de energía, el uso industrial de algunos materiales o la explotación de la tierra para actividades agrícolas imponiendo visiones ambientalistas por encima de las necesidades u oportunidades de la sociedad.

El catastrofismo, como la mayoría de los riesgos del mundo líquido encierra su propia paradoja: si ya estamos condenados a vivir en un planeta dañado ¿Qué sentido tiene trabajar por reducir las emisiones de gases de efecto invernadero?

De los cinco primeros riesgos de mayores probabilidades e impactos publicados por el Foro Económico Mundial en su reporte de Riesgos Globales de 2022 [61], cuatro corresponden a la categoría ambiental y sólo aparece el riesgo de pandemia, en la categoría social, por razones más que obvias. Otros riesgos tales como; las migraciones involuntarias o la conflictividad social y guerras civiles figuran bastante más abajo en el orden, por sólo mencionar dos que han estado presentes en los últimos años y han tenido efectos muy significativos en millones de personas y en naciones de varios continentes.

Es evidente que existe una estrategia política global que inclina la balanza catastrofista del cambio climático en detrimento de otros riesgos, tan o más apremiantes que el ambiente. Pero, en el caso de los riesgos líquidos no se trata sólo de identificar las agendas mundiales, que son muy importantes, es comprender que existen intereses que actúan como amenazas y explotan una infinidad de vulnerabilidades residentes en personas, organizaciones y países, potenciadas desde el mundo líquido.

Si no podemos hacer mucho para detener las amenazas, sí que podemos trabajar en el flanco de las vulnerabilidades, comenzando por generar consciencia de los riesgos. Para ello es útil tomar la clasificación en tres categorías que hace Robert S. Kaplan, profesor de Desarrollo del Liderazgo en la Escuela de Negocios de Harvard en su Marco para

159

Gerenciar Riesgos [62] y desmontar el sentido de inevitabilidad que contiene la narrativa catastrofista:

Riesgos Prevenibles: estos son los riesgos internos de una organización, son controlables y pueden ser mitigados, eliminados o evitados. Ejemplo de estos riesgos son las acciones ilegales, no éticas, inapropiadas o incorrectas. La mejor forma de manejar estos riesgos es a través de la prevención activa. Es decir, monitoreando y guiando a la gente y sus decisiones hacia las normas deseadas.

Riesgos Externos: algunos riesgos surgen de eventos ajenos a la organización y más allá de su control. Las fuentes de estos riesgos incluyen desastres naturales, cambios políticos o grandes variaciones macroeconómicas. Este tipo de riesgos requieren un tipo distinto de aproximación. Debido a que no son prevenibles, porque en general surgen en el seno de lo emergente, el foco de atención debe ponerse en identificarlos y planificar para reducir la severidad de sus impactos.

Riesgos de Estrategia: es el tipo de riesgos que una organización acepta voluntariamente para sacar el máximo provecho en el camino hacia sus objetivos. Un banco asume el riesgo de prestar dinero a sus clientes porque entiende que, si lo hace bien, puede maximizar sus utilidades. Una estrategia de la que se espere altos retornos implica también riesgos significativos, por lo tanto, gerenciar riesgos de estrategia requiere un sistema diseñado para reducir las probabilidades que el riesgo asumido se materialice. La idea no es evitar a través de estos sistemas que las organizaciones no asuman riesgos, al contrario, se trata de brindarles una red de seguridad para que se arriesguen con algo más de confianza.

De acuerdo con la clasificación de Kaplan podríamos decir que existe una dimensión humana en el riesgo ambiental del cambio climático que sería completamente prevenible, sin embargo, para las agendas del poder es manejado como un riesgo externo, sobre el cual no tendríamos control alguno, aunque puede ser explotable y así maximizarlo estratégicamente con altos retornos, no sólo económicos sino vectorizándolo como intimidador de la sociedad.

Algo parecido ocurrió durante los 45 años de guerra fría y el riesgo de utilizar armas atómicas de destrucción masiva. Siendo un riesgo prevenible, tanto los Estados Unidos como la URSS lo utilizaron en sus agendas del poder para convencer al mundo que la destrucción nuclear sería un asunto sobre el cual no había control una vez que se lanzara el primer cohete con ojiva nuclear, haciéndolo inevitable. A partir de allí, el riesgo se utilizaría como vector de intimidación (y terror) con el propósito de capitalizar estratégicamente la polarización política y militar del planeta.

Siempre, el componente potenciador del catastrofismo, que no se puede obviar, es la incorporación de narrativas líquidas. En el mundo de las posibilidades infinitas se pueden relatar infinitas versiones del mismo riesgo ultra segmentando a las audiencias y en una estrategia de amplio espectro. Desde aquellas más directas que operan el plano del miedo irracional, hasta otras muy sofisticadas dirigidas a públicos más escépticos.

Si bien, el catastrofismo ha sido históricamente utilizado como una estrategia para manipular a las masas, es en sí mismo una forma de riesgo líquido, no necesariamente vinculado a la naturaleza de su origen, sino a los medios utilizados para hacerlo parecer inevitable y a partir de allí, explotarlo en provecho de agendas usualmente vinculadas al poder.

Más recientemente, muchos gobiernos democráticos han utilizado la pandemia del COVID-19 en una fórmula que pudiera ser considerada catastrofista. Las cifras de contagio y las tasas de mortalidad de la enfermedad han servido para alimentar narrativas de control social, en ocasiones desproporcionadas a los impactos reales del virus sobre la población. El caso es que en el mundo líquido los debates se han globalizado y acelerado al mismo ritmo que los riesgos, y el resultado no ha sido precisamente el consenso sino la polarización.

Ya en el plano polarizado las posiciones se transforman en trincheras y los argumentos en los proyectiles lanzados desde múltiples plataformas narrativas, es allí donde las visiones catastróficas son misiles poderosos porque van directo a mover las fibras del miedo.

No pareciera que las dinámicas de la complejidad acelerada vayan a cambiar en el futuro mediato cuando es ahora que estamos entrando en ellas, tampoco es probable que la estrategia del catastrofismo deje de emplearse como vector de intimidación en las narrativas del poder porque ha demostrado su eficiencia en los escenarios de polarización.

En este punto, la pregunta ineludible debería ser: además de generar consciencia sobre las visiones catastróficas de los riesgos ¿qué otras opciones quedan?

Quizás la respuesta esté en la misma paradoja de los riesgos líquidos; en el mundo de las posibilidades infinitas nos hemos quedado sin respuestas para mitigarlos, o ¿es que acaso debemos replantearnos la forma en que hemos estado viendo al mundo y sus realidades, y así desarrollar un nuevo set de soluciones?

...no es la seguridad de lo estático y predecible la que convertirá a las organizaciones en altamente confiables, es precisamente el mindfulness de la complejidad lo que va a dar forma particular al liderazgo, la estructura, la cultura y la estrategia para operar exitosamente frente a los riesgos líquidos.

CAPÍTULO 16

Repensar la seguridad o leer desde los bordes

Este ha sido uno de mis mantras, enfoque y simplicidad.
Lo simple puede ser más difícil que lo complejo.
Tienes que trabajar duro para que tu pensamiento sea limpio y hacerlo simple,
pero al final vale la pena, porque una vez que llegas
allí, puedes mover montañas.

-Steve Jobs

La seguridad es en esencia, un sistema para gerenciar riesgos y procurar condiciones de entorno favorables para que personas, organizaciones y sociedades puedan desarrollar sus potencialidades. De hecho, en el pasado he definido a la seguridad como *positiva* [63], porque su objetivo no se limita a mantenernos libres de amenazas, sino que apunta a construir un mundo de más certezas.

Pareciera, sin embargo, que las dinámicas de lo líquido nos alejan cada vez más de estos espacios de certeza y predictibilidad, de allí el reto para la seguridad, porque tal como la conocemos, pareciera quedarse desfasada en el cumplimiento de sus objetivos, mientras pierde terreno en relación con los riesgos que se aceleran.

Si los riesgos han cambiado de una manera tal, que no sólo se han transformado en su morfología, sino en su naturaleza, la seguridad debe asimismo cambiar, ya no sólo para librarnos de amenazas, sino para devolvernos a espacios de mayor certeza, si es que acaso esto es posible en tiempos tan complejos.

A lo largo de estas páginas he tratado de demostrar la asimetría con la que los riesgos nos aventajan, y la prueba principal de ello es que hemos dejado de comprender el mundo en el que vivimos. Este desacoplamiento entre seguridad y riesgos es la brecha de lo líquido y el desafío más importante que debemos abordar, y esto ya no es posible hacerlo sin cambiar el set de reglas con el que hasta el presente hemos venido analizando los problemas. De allí, y primero que todo, la necesidad urgente de entender cómo funciona la complejidad.

Pero estamos obligados a ir más allá, ya que no basta entender, se requiere actuar asertivamente para funcionar en entornos que se han transformado en espacios no sólo complejos, sino altamente riesgosos.

Existen una variedad de organizaciones que fueron concebidas para operar en entornos de alta complejidad y riesgo, se les conocen como HRO, por sus siglas en inglés (Higly Reliable Organizations). Son las Organizaciones Altamente Confiables.

Algunos ejemplos de HRO son los sistemas de tráfico aéreo, la unidad de control de una central nuclear o la NASA. Sin embargo, en tiempos recientes y en medio del aceleracionismo, muchas otras organizaciones han entrado, sin percatarse, al cuadrante de la Alta Complejidad – Alto Riesgo y se están viendo muy comprometidas en el cumplimiento de sus objetivos, ya que nuca estuvieron preparadas para entornos de tanta incertidumbre y amenazas emergentes nunca estimadas.

A partir de la pandemia del COVID-19, los hospitales debieron convertirse en HRO. Aquellos países que así lo entendieron han estado avanzando en esa dirección, no sólo porque han tenido que incrementar los recursos disponibles para hacer frente a las sucesivas oleadas de casos del virus, sino que ha sido necesaria una revisión profunda de sus procesos y la cultura organizacional para adaptarse a una nueva realidad.

En este sentido, vale la pena entender que la mayoría de las empresas y organizaciones no fueron diseñadas para entornos líquidos, y que hoy, debido a los cambios que experimentamos tendrán que convertirse muy pronto en HRO.

Me estoy refiriendo a Organizaciones en múltiples sectores; desde las cadenas de suministro y logística, la industria de alimentos, la fabricación de microcomponentes electrónicos, las telecomunicaciones, proveedores de servicios de protección e inclusive los cuerpos policiales.

Sin duda alguna la seguridad ocupa un lugar clave y protagónico en las HRO porque la confiabilidad es un factor directamente proporcional a ella. Una organización es confiable, porque primero que todo, es segura. Sin embargo, y como ya lo hemos discutido en páginas anteriores, no es la seguridad de lo estático y predecible la que convertirá a las organizaciones en altamente confiables, es precisamente el *mindfulness* de la complejidad lo que va a dar forma particular al liderazgo, la estructura, la cultura y la estrategia para operar exitosamente frente a los riesgos líquidos.

Reconceptualizar la seguridad para que pueda responder con eficacia, y así generar espacios de certeza como respuesta al ciclo de formación de los riesgos líquidos requiere abordar de forma interdependiente estos cuatro ejes:

• **Liderazgo**: capacidad de entender la complejidad y producir cambios para adaptar la organización al entorno

• **Estructura**: red de flujos y conexiones sobre la cual se sostiene la organización para el logro de sus propósitos

• **Cultura**: consciencia colectiva en torno al riesgo

• **Visión**: claridad de objetivos más allá de la incertidumbre

Formar y mantener espacios de certeza será posible si asumimos que la seguridad debe actuar como canal entre un mundo líquido e impredecible y una zona de relativa estabilidad, construida a partir de relaciones lineales de causa – efecto, y que faciliten la proyección de un futuro cercano con algún grado de precisión.

Estas *Zonas de Estabilidad* serán posibles únicamente porque detrás de ellas tendrá que existir un esfuerzo sostenido de seguridad, con capacidad entender la complejidad, establecer las redes necesarias con consciencia colectiva del riesgo y la claridad de objetivos para sobreponerse a la incertidumbre de los tiempos.

A manera de definición, podemos considerar a las zonas de estabilidad como espacios multidimensionales donde los eventos de la realidad se desenvuelven con normalidad, las reglas prestablecidas funcionan, existe orden y seguridad y el futuro inmediato es relativamente fácil de pronosticar.

En entornos complejos los espacios de estabilidad son excepcionales, aunque puede haber muchos, todo dependerá del esfuerzo para sostenerlos. Entre las zonas de estabilidad y la complejidad del mundo líquido existe una barrera de delimitación denominada *línea de la normalidad*; es una especie de envoltorio de protección de la estabilidad, y puede ser tan tenue o robusta como lo sea la conciencia de riesgo en la zona.

La normalidad pudiera interpretarse como aquello que está dentro de la norma. Son los eventos que ocurren sin alterar las certezas que produce la cotidianidad. Inclusive en ambientes muy dinámicos, algunas disrupciones entran de lo normal porque las organizaciones están en capacidad de responder con agilidad para contenerlas dentro de la zona de estabilidad.

Las zonas de estabilidad no son espacios aislados de la complejidad, aunque pueden existir barreras físicas que las delimiten. Se trata más bien de un área en la que existe confianza y sabemos qué esperar del entorno. En algunos casos, estas zonas son más mentales que estructurales y dependen más del orden, la cultura, y el cumplimiento de las normas que de elementos físicos más restrictivos.

Lo que diferencia realmente a las zonas de estabilidad del entorno complejo son las actitudes, aptitudes y cultura de los miembros de la organización. Como lo señalamos cuando nos referimos al mundo de las posibilidades infinitas, la seguridad no es extrínseca al individuo, sino que se genera en él, por tanto, es una seguridad con plena consciencia del riesgo, una seguridad para sí misma.

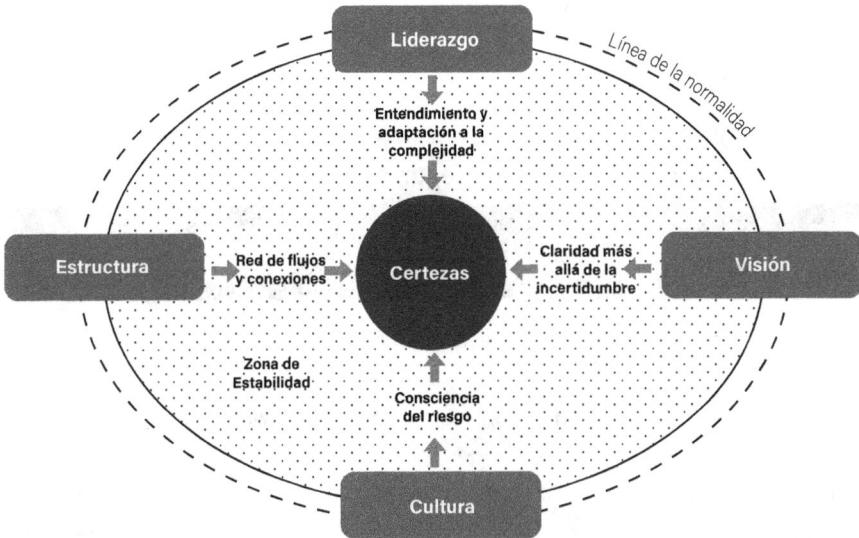

Gráfico 6: *Modelo de la seguridad en entornos de alta complejidad y altos riesgos*

En estos modelos más dinámicos de la seguridad repensados para entornos de alta complejidad y altos riesgos consideran que dentro las Zonas de Estabilidad conviven amenazas en estados latentes dispuestas a actuar en presencia de condiciones favorables, tal es el caso del llamado terrorismo doméstico, que se alimenta de individuos nacionales radicalizados a través de poderosas redes de adoctrinamiento, activándolos para la comisión de atentados en sus zonas de residencia.

169

Es por ello, que pensar en un "muro fronterizo" como medida de protección podría ser un disuasivo ante algunos flujos migratorios, sin embargo, no son verdaderas barreras de protección frente al poder de los riesgos líquidos.

Sería un atrevimiento de mi parte afirmar que los riesgos líquidos no son mitigables y que, por tanto, estamos obligados a adaptarnos para poder convivir entre ellos. Eventualmente desarrollaremos capacidades y estrategias para dominarlos, y quizás neutralizarlos para hacerlos inocuos. Sin embargo, debemos entender que para llegar al punto de desactivación de los riesgos líquidos el esfuerzo y la inversión más grande no será en infraestructura y tecnología, sino en transformarnos a nosotros mismos.

Mientras tanto, el reto de gerenciar estos riesgos necesita algunas guías alineadas con el modelo de seguridad:

Liderazgo

Entender la complejidad y hacer de este entendimiento una herramienta.

Analizar los impactos de las decisiones que impliquen nuevos riesgos.

Conducir la estrategia y prestar atención especial a los detalles. No simplificar

Entender el proceso de individualización de los medios de producción y promover nuevas herramientas de seguridad basadas en la persona.

Asumir la incertidumbre con flexibilidad.

Si algo sabemos es que en tiempos adversos la gente sigue no sólo a quien proyecta una esperanza de futuro, sino al que es capaz de transmitir certezas y gerenciar la incertidumbre.

Tabla 1: *Características del liderazgo en Organizaciones Altamente Confiables*

Estructura

Integrar el entorno sin vulnerar la seguridad.

Aproximación flexible, pero consciente, a la adversidad.

Desarrollar capacidades para recolectar, analizar y diseminar información.

Entender que las organizaciones son ensamblajes en red, omnipresentes pero sin sedes físicas.

La era de las heterarquías es en una nueva forma de reordenar el mundo, en el cual las relaciones entre las personas, organizaciones y hasta las sociedades pueden clasificarse de múltiples formas, con tendencia a privilegiar estructuras más flexibles conformadas en redes, en lugar de las clásicas pirámides jerárquicas.

Diseñar soluciones flexibles, pero capaces de afrontar la severidad de cambios repentinos o bruscos.

Tabla 2: Características estructurales en las Organizaciones Altamente Confiables

Visión

Atreverse a pronosticar el futuro.

Ver el futuro en escenarios.

Entender que los paradigmas caducan cada vez más rápidamente.

"Debe preferirse lo múltiple a lo unitario, la diferenciación a la unidad, los arreglos móviles a los sistemas". Lo que es productivo ya no es sedentario sino nómada, afirma Foucault.

El multiverso en el contexto de la economía de los bits ha desplazado a la realidad tal como la veníamos conociendo.

Abordar los riesgos sin catastrofismos.

Tabla 3: Visión de futuro en Organizaciones Altamente Confiables

Cultura
Construir consciencia (mindfulness) del riesgo.
Desarrollar capacidades para la prudencia, el autocontrol y el autoconocimiento.
Construir relaciones que se transformen en alianzas para tiempos de adversidad.
Cultura de la protección: lo que no se pierde se ahorra.
Aprovechar el poder cohesionador de la cultura organizacional mientras avanzan los procesos de individualización de los medios de producción.
Asumir que la complejidad es un modo de ser de la realidad que está en desequilibrio continuo, y lo que está desequilibrado produce gradientes que llevan a que todo se mueva para intentar estabilizarse, pero como son tantas y tan variadas las fuerzas presentes, el sistema nunca llega a una posición de reposo.

Tabla 4: Características de la cultura en Organizaciones Altamente Confiables

Es indudable que en la medida que nos adentramos en el Siglo XXI el mundo se torna cada vez más complejo. A la instantaneidad de las comunicaciones, el salto cuántico de las tecnologías, la ingeniería genética y las energías verdes, se le contrastan los radicalismos ideológico-religiosos, la crisis de representatividad de la democracia occidental y el derrumbe de los valores básicos de convivencia, en un mundo que no detiene su crecimiento y acelerado consumo de recursos.

En la complejidad, igualmente vienen imbricadas nuevas amenazas que surfean por la *Dark Web* y convierten la frustración de jóvenes en bombas suicidas de gran poder, ante las cuales la seguridad queda casi anulada. Para muestra, solo en 2020, según el reporte de riesgos del World Economic Forum, ciber-mercenarios, casi sin correr riesgos, obtuvieron 406 millones de dólares en criptomonedas haciendo uso de *Ramsonwares* [64], mientras que, en 2017, un terrorista actuando en solitario, se detonó con varios kilos de explosivos en la salida de un concierto en la ciudad de Manchester, en el Reino Unido, matando a 22 personas e hiriendo a más de cien [65].

Contrario a la intuición, los sistemas que han demostrado más resiliencia en la gestión de la complejidad son aquellos que han entendido la importancia de integrar en sus bordes, es decir, en su seguridad, la capacidad de "leer" e interpretar el entorno, a través del estudio e identificación de los fenómenos que los circundan. Bajo este nuevo paradigma, la protección de las zonas de estabilidad ha migrado de un modelo de castillo medieval, donde a la realidad se la aísla con un foso profundo y peligroso, a fin de desanimar a potenciales enemigos con intenciones de penetrar y causar el caos, a una realidad interconectada con su entorno, altamente especializada en la identificación de amenazas, con la habilidad de pronosticar en el corto plazo y prevenir la materialización de riesgos a través de herramientas de inteligencia.

Vale remarcar que la aceleración de la tecnología y la globalización generan una brecha que separa a las sociedades del conocimiento del resto de la humanidad, haciendo cada vez más difícil la adaptación al cambio. Esta aceleración se traduce en la pérdida de competitividad de quiénes han dejado de entender la realidad actual y quedan desfasados en sus modelos de seguridad.

Al retomar las ideas que me motivaron a entender cómo llegamos hasta acá es indispensable ubicarnos en el contexto donde nuevas y complejas fuerzas modelan el mundo y fallar en comprenderlas nos hace en extremo vulnerables. La aceleración de la complejidad ha creado un vacío en la comprensión de la realidad, en el cual se gestan peligros inéditos, pero con impactos devastadores sobre todos los órdenes de la vida.

Los peligros derivados de la incomprensión del mundo globalizado actúan a través de fuerzas que priorizan lo temporal frente a lo permanente, producen adicción al cambio acelerado y están signados por la contradicción y la incertidumbre.

Debemos volver a la tesis de Zygmunt Bauman sobre la Modernidad y la Sociedad Líquida escrita hace más de tres décadas, y que cobra hoy, en los inicios del tercer milenio, más sentido que nunca: *"La realidad ha dejado de ser un conglomerado sólido, estático, para convertirse en un fluido donde todo cambia a un ritmo tan acelerado que ha borrado el concepto de lo permanente".* [66]

En la adicción al cambio, la seguridad, anclada en paradigmas del pasado ha ido perdiendo vigencia, por tanto, y como lo hemos señalado, ha llegado el momento de comenzar a buscar respuestas, por paradójico que parezca, en el futuro.

Los riesgos líquidos son la consecuencia inevitable de, por un lado, la aceleración de la complejidad impulsada por el desarrollo tecnológico y la globalización, y por el otro, de la incapacidad que tiene la sociedad para absorber y procesar el ritmo del cambio. Es en esa brecha de inconsciencia entre ambas que habitan nuevas y poderosas amenazas.

Un riesgo es líquido porque su forma muta y se adapta al entorno que lo moldea, es difícil de contener, se derrama con facilidad y si bien resulta intangible al momento de determinarlo con algún grado de precisión, sus efectos son muy reales. Estos riesgos líquidos han comenzado a manifestarse de múltiples maneras; ya no sólo se trata de las organizaciones terroristas globales, ahora estas fuerzas se mueven desde la inestabilidad política y la polarización de las ideas hasta la horizontalización del poder y el vertiginoso crecimiento de las verdades alternativas. Sin embargo, allí no se detienen: las nuevas áreas de negocios de la delincuencia organizada internacional, el poder abaratado de la Inteligencia Artificial, y la fragilidad de las reputaciones de personas y organizaciones frente a los embates de las redes sociales.

Hemos migrado del suelo firme y confortable de las certezas a los pantanos líquidos de la incertidumbre. Con la aceleración de la complejidad y la adicción al cambio el mundo se ha hecho menos predecible. Han desaparecido las relaciones lineales de causa y efecto mientras surgen nuevas y poderosas amenazas.

La mayor preocupación de la vida social e individual actual es prevenir que las cosas se queden fijas, que sean tan sólidas, que no puedan cambiarse en el futuro. Es una aversión a lo permanente y, simultáneamente, una adicción al cambio. Estos son tiempos en los que nada dura mucho, constantemente aparecen nuevas oportunidades que devalúan las existentes, no solo en lo material, también en las relaciones con los otros. Una veloz dinámica de lo temporal en la que desaparecen los asideros y las referencias se desvanecen en la brevedad.

Vivimos en un mundo líquido, dónde todo fluye, nada se contiene, todo se adapta a las formas. Todo muta, haciéndose intangible, pero con consecuencias muy reales.

En esta realidad líquida, llena de riesgos líquidos, estamos cerca de perder los paradigmas de la seguridad. Construir nuevas referencias es ese el reto más importante.

A pesar de la prolongada reflexión sobre los procesos de formación de riesgos líquidos, son varias las interrogantes que aún quedan por responder, y que el tiempo acelerado posiblemente nos ayude a dilucidarlas en un futuro cercano:

• ¿Podremos en algún momento comenzar a cerrar la brecha de los riesgos líquidos, o llegaremos quizás, a un punto en el cual sólo generemos certezas mediante la aplicación de algoritmos desarrollados por Inteligencia Artificial?

- ¿Es que acaso el ritmo acelerado del cambio tendrá algún tipo de límite impuesto por las propias fronteras del conocimiento?

- ¿Hasta dónde los individuos y sociedades podremos adaptarnos al exigente entorno líquido y lo podremos hacer antes que cualquiera de estas nuevas amenazas explote alguna vulnerabilidad en niveles catastróficos y genere cambios irreversibles?

Apenas comenzamos a conectar los puntos y a descubrir algunos patrones, pero estamos aún lejos de comprender completamente la naturaleza de tales riesgos, y poder mitigar sus efectos sigue siendo un reto inmenso.

He reflexionado sobre la conveniencia de hacer un análisis de los riesgos que impactan nuestro presente cuando estamos inmersos en ellos y rodeados de complejidad e incertidumbre. He pasado meses buscando respuestas entre los pliegues de la historia reciente, pero también en los senderos que comienzan a demarcar el futuro.

Precisamente, porque estamos en los momentos de mayor duda, surgen las necesidades urgentes por entender. A veces, en medio de la más negra oscuridad la pequeña llama de una vela puede iluminar lo suficiente para saber dónde estamos y procurar que unos primeros pasos no se den en falso. No puedo, por tanto, escribir desde el sabio reposo que da el tiempo, sino desde la incontenible angustia que busca alguna certeza.

Por ello, la necesidad urgente de invertir el paradigma del ser humano como objeto de la seguridad para transformarlo en sujeto, lo que es sin duda una discusión complicada teniendo en cuenta a las grandes amenazas que llegan justo en el momento en el cual el individuo está más vulnerable, pero absolutamente necesaria si aspiramos a construir defensas reales frente a los riesgos líquidos.

CAPÍTULO 17

La seguridad y su dimensión de libertad

*Al querer la libertad, descubrimos que ella
depende enteramente de la libertad de los demás.*

-Jean Paul Sartre

Toda seguridad involucra una transacción. Es decir, para pasar a un estado superior de tranquilidad y certeza algo debe entregarse. La seguridad, por tanto, tiene un costo que usualmente se mide en dinero, tiempo, comodidad, esfuerzo y, en términos clásicos, también en libertad.

Sin embargo, la seguridad en su concepción más amplia encierra un objetivo fundamental; la reducción de causas que impidan al ser humano el ejercicio pleno de sus derechos. En tal sentido, opera como un propulsor activo de la vida y el bienestar de los ciudadanos.

Frederick Hayek en su obra de 1969, *Nuevos Estudios en Filosofía, Política y Economía* [67] plantea que cuando a las sociedades se les permite autoorganizarse en su economía, emerge de ellas un orden espontáneo que es producto de la acción humana y no del diseño, lo que las hace más libres y equitativas.

Este orden espontáneo es lo que derivó en los sistemas complejos y que en 1984 llevó a varios investigadores a fundar el Instituto Santa Fe, en Nuevo México [68], donde desarrollarían en profundidad lo que se llamaría las ciencias de la complejidad, utilizando de base el comportamiento de los sistemas abiertos, como la economía, las comunidades de seres vivos, la biología celular y la física cuántica. Por su claustro pasarían personalidades tan importantes como Murray Gell-Mann; Premio Nobel de Física en 1969; John Henry Holland; padre del algoritmo genético y Stuart Alan Kauffman; desarrollador de la tesis de la complejidad biológica.

La noción del orden espontáneo de la economía me ha resultado retadora, porque de alguna forma, la seguridad en el mundo de las posibilidades infinitas puede llegar a ser un potente sistema para la libertad, en lugar de su antagonista, que es como la hemos asumido en las convencionalidades de lo inamovible.

No intento comparar la economía con la seguridad. La primera, al dejársele libre se hace compleja, mientras que la otra, al ordenársele entendiendo la complejidad, se convierte en un instrumento para potenciar a las sociedades, lo que es de alguna manera, un ejercicio de libertad. Lo cierto es que ambas son en extremo sensibles al poder y son con frecuencia manipuladas para controlar o reprimir, no sólo en regímenes totalitarios sino en democracias.

Hemos visto como en nombre de la bioseguridad durante la pandemia del COVID-19 se han extremado regulaciones contra la población de Europa Occidental, Canadá, Australia y Nueva Zelanda, sólo por mencionar algunos con altos índices de libertades individuales, en unas agendas que trascienden lo sanitario y pasan a la dimensión del Estado Policial con la implantación de pasaportes COVID y otras modalidades de control social.

Si algo ha puesto de manifiesto la aceleración de la complejidad es que, con el derrumbe de los paradigmas de lo sólido, se han borrado las referencias que dan arraigo a las sociedades, relativizándolas hasta el nivel del pánico, y en nombre de la seguridad, se ha subordinado a la libertad, en el clásico ciclo del control totalitario.

Visto así, la seguridad adquiere la forma de adhesivo que se le pega a la superficie a la sociedad y a sus individuos para protegerlos de las amenazas, ya que al no comprender el entorno en el que está inmerso es indispensable que el Estado cubra su fragilidad, a fin de no ser agredido por lo desconocido. Es justo aquí, en la narrativa de la sociedad débil y que necesita ser resguardada por el Estado protector, de dónde emerge la casi inevitable tentación del poder sobre la libertad.

Por ello, la necesidad urgente de invertir el paradigma del ser humano como objeto de la seguridad para transformarlo en sujeto, lo que es sin duda una discusión complicada teniendo en cuenta a las grandes amenazas que llegan justo en el momento en el cual el individuo está más vulnerable, pero absolutamente necesaria si aspiramos a construir defensas reales frente a los riesgos líquidos.

La seguridad, como otras tantas condiciones para la sustentación de la vida civilizada, tendrá que transitar un proceso de revisión que la lleve a interpretar y adaptarse a la acelerada dinámica globalizadora, entendiendo que para salvaguardar a las sociedades resulta más conveniente integrarse a la realidad, así sea difusa y plagada de incertidumbre, que aislarse de ella pretendiendo cavar una brecha con las amenazas, a fin de generar un falso efecto de protección.

Esta nueva y más contemporánea visión de la seguridad en conciencia plena de lo líquido estará en mejores condiciones para asumir los retos de la libertad desde una posición menos restrictiva, presentándose como una garantía universal en los múltiples ámbitos de la realidad compleja. En el plano social, económico y ambiental se parece un poco a lo que definió en 1994 el Programa de las Naciones Unidas para el Desarrollo (PNUD), denominado Seguridad Humana [69].

La Seguridad Humana subraya el derecho de las personas a vivir en libertad y con dignidad, libres de pobreza y desesperación, así como a disponer de iguales oportunidades para desarrollar plenamente su potencial humano. Se trata de una estructura multidimensional que combina en un nuevo paradigma de desarrollo la paz, la seguridad y el ejercicio de los derechos humanos de una manera más eficaz y con franca orientación a la prevención.

Adicionalmente, no podemos ignorar que un ciudadano inmerso en un contexto de violencia, inaccesibilidad a productos de primera necesidad o atención médica primaria simplemente no tiene capacidad de calibrar el peso que pudiera tener la seguridad sobre la libertad. De allí que la Seguridad Humana, además de una garantía es un derecho consustanciado con la persona, por lo que no puede pretender competir con otros derechos inalienables como la libertad.

Si bien, las naciones siguen concentrando sus esfuerzos de seguridad en el mantenimiento de la paz, como elemento indispensable para la estabilidad y la convivencia, no puede dejarse de lado el potencial de amenazas cada vez más líquidas, desde la pobreza extrema, las migraciones forzadas, el cambio climático, hasta las crisis económicas y financieras globales que revelan una vulnerabilidad común asociada a riesgos de rápida propagación, más aún en naciones con marcadas debilidades institucionales. Es el caso de buena parte de los países del continente americano y de toda África, que sufren con más rigor y menos preparación las sacudidas naturales, políticas, económicas y sociales de un mundo que pareciera se mueve bruscamente y sin mayor predicción, lo que quedó demostrado con la Pandemia del COVID-19.

Hoy, en 2022, cinco años han pasado desde aquella advertencia hecha a manera de adagio por el general norteamericano:

Hemos entrado en un mundo para el que nos han hecho creer que estamos preparados, y del cual ignoramos casi todo, donde la mayor fortaleza de estas amenazas, aún anónimas, es mantenernos engañados en el manto de nuestra arrogancia.

Quizás cinco años son muy pocos para construir verdades gruesas, pero es tiempo suficiente para acopiar información y ver las tendencias. Es por ello, por lo que estoy convencido que hemos atravesado el umbral de un mundo distinto al que estábamos acostumbrados y tenemos ante nosotros un horizonte que nos deslumbra, lleno de incertidumbres a las que seguimos viendo con los lentes arrogantes del pasado, acaso por temor a reconocer nuestra ignorancia, o tal vez, porque hemos hecho de la humildad ante lo desconocido una vulnerabilidad que no nos permitimos revelar y optamos por la ilusión protectora del autoengaño.

Cuando seductoramente se nos vende la narrativa de la libertad porque estamos en la era del *plug and play*, y al mismo tiempo, nos confrontamos a la complejidad acelerada de lo liquido, no es difícil darnos cuenta que la seguridad de lo estático no es posible en medio de tal disonancia, por mucho que se nos ofrezcan multiversos de posibilidades infinitas o *apps* dotadas de Inteligencia Artificial en *smartphones* con microprocesadores Octacore en bandas 5G.

En la realidad de lo complejo, la seguridad tendrá que hacer de lo simple un valor; esculpir certezas de los territorios de la incertidumbre; y de la impredecibilidad de los tiempos, aprender a pronosticar, pero ya no desde la linealidad de la calma, si no desde la turbulencia de la emergencia.

Como quiera que lo veamos, nos hemos hecho nómadas en el mismo terreno, dónde alguna vez fuimos sedentarios y libres. Solo me queda por recordar a Soren Kirkegaard: *"Sin riesgo no hay fe".*

Sobre el autor

Alberto Ray, venezolano, nacido en 1967, es especialista en análisis estratégico de riesgos y toma de decisiones en escenarios complejos con más de tres décadas de experiencia. Actualmente dirige The Risk Awareness Council (TRAC) en los Estados Unidos, organización no gubernamental especializada en el análisis de riesgos emergentes en América Latina. Ray ha sido consultor de seguridad para empresas, gobiernos e instituciones en varias partes del mundo y posee un Diplomado en Convivencia y Seguridad Ciudadana. Es coautor del Modelo MAPS21, método para la gerencia integral de riesgos de seguridad.

En su carrera como consultor ha dictado conferencias en múltiples eventos de la seguridad en Venezuela, Latinoamérica, Estados Unidos y Europa. Ray es fundador del Centro de Pensamiento para la Seguridad Smart Risk Consulting y entre sus publicaciones se encuentra MAPS Carta de Navegación para una Organización Segura (2014), RAY en Seguridad, una mirada sencilla a un mundo complejo (2016) y MAPS21 (2021).

Alberto Ray, residenciado en Florida, publica semanalmente sus contenidos en el blog AlbertoRay.com, un espacio dedicado a la opinión y análisis sobre diversos temas de la seguridad y el riesgo en Organizaciones, con audiencia en toda Iberoamérica.

Lecturas recomendadas

- Thinking in Systems. Donella H. Meadows. Chelsea Green Publishing. 2008

- The Filter Bubble. Eli Pariser. Penguin Group. 2011

- Thank You for Being Late. Thomas L. Friedman. Picador. 2016

- Team of Teams. Stanley McChrystal. Penguin Group. 2015

- La Sociedad del Riesgo. Ulrick Beck. Paidós 2019

- Modernidad Líquida. Zygmunt Bauman. Fondo de Cultura Económica 2003

- Introducción al Pensamiento Complejo. Edgar Morin. Gedisa 2008

- On Complexity. Edgar Morin. Hampton Press 2008

- Chaos Under Heaven. Josh Rogin. Houghton Mifflin Hartcourt Publishing 2021

- World Without Mind. Franklin Foer. Penguin Random House 2017

- Skin in the Game. Nassim Nicholas Taleb. Random House 2018

- Retrotopía. Zygmunt Bauman. Paidós 2017

- Fake News: La nueva arma de destrucción masiva. Editorial Planeta 2019

- Topología de la violencia. Byung – Chul Han. Editorial Herder 2018

- Risk. Stanley McChrystal. Editorial Portfolio. 2021

- Teoría General de los Sistemas. Ludwig Von Bertalanffy. Fondo de Cultura Económica. 1976

- Siria. Víctor de Currea-Lugo. Aguilar. 2019

- The Globotics Upheaval. Richard Baldwin. Oxford University Press 2019

- The Quark and the Jaguar. Murray Gell-Mann. Henry Holt Publishers. 1994

- Twilight of Democracy. Anne Applebaum. Anchor Books 2021

- Predictability Irrational. Dan Ariely. Harper Collins Publishers 2009

- The Infinite Game. Simon Sinek. Portfolio/Penguin 2019

- Assad or we burn the county. Sam Dagher. Little, Brown Company 2019

- The Moral Landscape. Sam Harris. Free Press 2010

- Time Reborn. Lee Smolin. First Mariner Books 2014

- Thinking in Bets. Annie Duke. Portfolio/Penguin 2019

- Vigilar y Castigar. Michel Foucault. Siglo Veintiuno Editores 2009

Referencias bibliográficas

1. https://www.paho.org/es/noticias/11-3-2020-oms-caracteriza-covid-19-como-pandemia

2. Ulrick Beck, La Sociedad del Riesgo. Paidós 2019. ISBN 978-8449335815

3. NIKLAS LUHMANN. Social Systems. Stanford University Press 1996. ISBN 978-0804726252

4. Jorge Galindo. Acta Sociológica, Volume 67, May–August 2015, Pages 141-164

5. José Ángel Vera Noriega. Convergencia vol.13 no.40 Toluca ene./abr. 2006

6. Zygmunt Bauman. Modernidad Líquida. Fondo de Cultura Económica 2003. ISBN 9786071626318

7. Roger Zelazny. El Señor de la Luz. Booket 2003. ISBN : 978-8445074

8. https://www.themodernnovel.org/europe/w-europe/england/ballard/

9. Zygmunt Bauman. Reflexiones sobre un Mundo Líquido. Paidós 2017. ISBN 978-8449333774

10. Idem.6

11. https://www.elmundo.es/elmundolibro/2005/01/04/historia/1104839860.html

12. Precios de cierre valor de mercado entre el 28 de junio de 2007 y el 8 de septiembre de 2017. Bloomberg. Facebook comenzó a cotizar en Bolsa a partir de 2012.

13. Michiko Kakutani. The Death of Truth. RAND Corp. 2018.

14. Thomas Friedman. Gracias por Llegar Tarde. Ediciones Deusto 2016. ISBN 978-8423429097

15. Jean Piaget. El desarrollo de la noción del tiempo en el niño. Fondo de Cultura Económica 1978. ISBN 978-9681600150

16. https://www.coindesk.com/markets/2014/12/27/bitcoin-price-2014-a-year-in-review/

17. https://blog.patria.org.ve/plataforma-garantizar-subsidio-gasolina/

18. https://www.infobae.com/america/mundo/2018/12/30/como-funciona-el-sistema-de-puntaje-personal-en-china-un-escalofriante-proyecto-de-control-de-la-poblacion/

19. https://www.usatoday.com/story/news/politics/elections/2020/11/20/trump-lawsuit-mixes-up-red-flags-michigan-minnesota/6362056002/

20. https://www.monmouth.edu/polling-institute/reports/monmouthpoll_us_111521/

21. https://www.cnbc.com/2021/01/27/us-reports-record-number-of-covid-deaths-in-january.html

22. https://www.britannica.com/event/Japan-earthquake-and-tsunami-of-2011

23. https://en.wikipedia.org/wiki/Hai_Yang_Shi_You_981_standoff

24. https://www.bbc.com/news/business-56559073

25. https://www.infobae.com/america/mundo/2022/01/08/cual-es-la-verdadera-cifra-de-muertos-por-la-pandemia-segun-el-equipo-de-datos-de-the-economist/

26. https://www.bbc.com/mundo/noticias-internacional-36800755

27. https://www.dw.com/es/las-elecciones-alemanas-en-cifras-un-pa%C3%ADs-dividido/a-59343970

28. ONG Cohesión Comunitaria e Innovación Social AC. México. OCO - URB-AL III, 2010

29. Idem.9

30. https://www.acnur.org/situacion-en-venezuela.html

31. https://www.nytimes.com/es/2018/10/23/espanol/caravana-migrante-mexico-estados-unidos.html

32. https://www.defenseone.com/ideas/2021/11/belaruss-weaponized-migrants-offer-primer-gray-zone-warfare/186590/

33. Edgar Morin. Introducción al Pensamiento Complejo. Gedisa 2008. ISBN 978-8474325188

34. https://www.blog.google/products/search/reintroduction-googles-featured-snippets/

35. Eli Pariser. The Filter Bubble. Penguin Books; Reprint 2012. ISBN 978-0143121237

36. 36. Edgar Morin. Penser Global. Flammarion 2015. ISBN 978-2080255709

37. Eddie Playfair, https://eddieplayfair.com/2017/08/06/edgar-morin-on-thinking-global/

38. https://www.bbc.com/mundo/deportes-57484146

39. Gilles Deleuze y Félix Guattari. Anti-Oedipus. Penguin Classics 2009. ISBN 978-0143105824

40. Robert J Shiller. Narrative Economics: How Stories Go Viral and Drive Major. Princeton University Press 2020. ISBN 978-0691210261

41. Ref Pablo Escobar

42. Ref Chapo Guzmán

43. Nassim Taleb. Anifragile. Random House 2014. ISBN 978-0812979688

44. Idem.9

45. https://www.oas.org/es/centro_noticias/comunicado_prensa.asp?sCodigo=C-109/19

46. https://www.smartmatic.com/es/noticias/articulo/declaracion-de-smartmatic-sobre-la-reciente-eleccion-de-la-asamblea-constituyente-en-venezuela/

47. Idem. 20

48. https://www.pewresearch.org/politics/2020/11/20/the-voting-experience-in-2020/

49. Samuel Huntington. American Politics: The Promise of Disharmony. Harvard University Press. Revised edition 1983. ISBN 978-0674030213

50. https://www.nytimes.com/2020/05/31/us/george-floyd-investigation.html

51. https://www.theatlantic.com/ideas/archive/2020/10/collapsing-levels-trust-are-devastating-america/616581/

52. https://www.nytimes.com/interactive/2020/11/16/us/politics/election-turnout.html

53. https://www.eiu.com/n/campaigns/democracy-index-2021/

54. https://www.alianzaeditorial.es/minisites/manual_web/3491295/CAP8/1_FindelaHistoria.pdf

55. https://www.georgewbushlibrary.gov/research/topic-guides/global-war-terror

56. https://es.wikipedia.org/wiki/Refer%C3%A9ndum_constitucional_de_Venezuela_de_2009

57. https://www.oas.org/documents/spa/press/Informe-Auditoria-Bolivia-2019.pdf

58. https://es.wikipedia.org/wiki/H%C3%A1fez_al-%C3%81sad

59. Sam Dagher. Assad or we burn the county. Little, Brown Company 2019. ISBN 978-0316556729

60. https://www.dw.com/en/syria-election-results-bashar-assad-wins-4th-term/a-57695135

61. https://www.weforum.org/reports/global-risks-report-2022

62. Robert S. Kaplan. Managing Risks: A New Framework. Harvard Business Review. June 2021 https://hbr.org/2012/06/managing-risks-a-new-framework

63. Alberto Ray. RAY en Seguridad. Riesgo Positivo Consultores 2016. ISBN 978-980128

64. Idem.60

65. https://www.nytimes.com/es/2017/05/22/espanol/autoridades-reportan-heridos-y-fallecidos-en-un-concierto-de-ariana-grande-en-manchester.html

66. Idem.6

67. Friedrich Hayek. Nuevos Estudios en Filosofía, Política y Economía. Unión Editorial 2018. ISBN 978-8472096288

68. Santa Fe Institute: https://www.santafe.edu/about/overview

69. Informe sobre desarrollo humano. PNUD. 1994. http://hdr.undp.org/sites/default/files/hdr_1994_es_completo_nostats.pdf

Índice Alfabético

Agradecimientos

Este libro tuvo varias etapas previas antes que comenzara a escribirlo. Esa primera aproximación la realicé en Venezuela, y fue Marisol Fuentes quien construyó una agenda de entrevistas muy interesantes y que sirvieron de calentamiento. De esas conversaciones recuerdo en especial a Ramón Piñango, Benigno Alarcón, José Toro Hardy y muy en particular a Víctor Guedez, quién tenía casi todos los libros publicados de Zygmunt Bauman. A todos ellos, mi gratitud por esas primeras luces.

En un segundo movimiento, y luego de dos años, compartí un borrador inicial con varios amigos, que se atrevieron a leerlo y generosamente me compartieron sus opiniones, les agradezco a todos su tiempo y dedicación. Debo señalar entre ellos a Vladimir Tovar, Morella Behrens y Jorge Barrios.

En la etapa final intervinieron Florantonia Singer, a quién agradezco muy especialmente, pues en el medio de nuestro trabajo de revisión sufrió un accidente automovilístico bastante aparatoso, y muy a pesar de ello, leyó y revisó con paciencia mis textos y escuchó mis reflexiones en voz alta cuando tuve dudas en como concluir el texto.

En esta misma fase final le pedí a mi gran amigo, Luis Emilio Bruni que se atreviera a leer el manuscrito y hacer todas las observaciones que considerara pertinentes, además que fuera más allá y escribiera el prólogo del libro. Debo reconocer que su trabajo fue impecable y me ayudó a definir mejor varios conceptos que aparecen a lo largo de la lectura, todo esto en medio de mil obligaciones que la vida académica le demandan. Se que lo hizo con el mayor gusto. Por esto le estoy muy agradecido y me quedé con ganas de que podamos en el futuro escribir un texto a cuatro manos.

Last but not least, mi más profundo agradecimiento a mi hijo Alejandro Carlos, quien se atrevió a diagramar el libro y a darle forma para convertirlo en algo legible. No puedo concluir sin expresar mi amor y aprecio a mi esposa María Eugenia, que por años y con mucha paciencia me ha escuchado hablar mil locuras, entre ellas, este tema de los riesgos líquidos.

www.ingramcontent.com/pod-product-compliance
Lightning Source LLC
Chambersburg PA
CBHW050650270326
41927CB00012B/2963